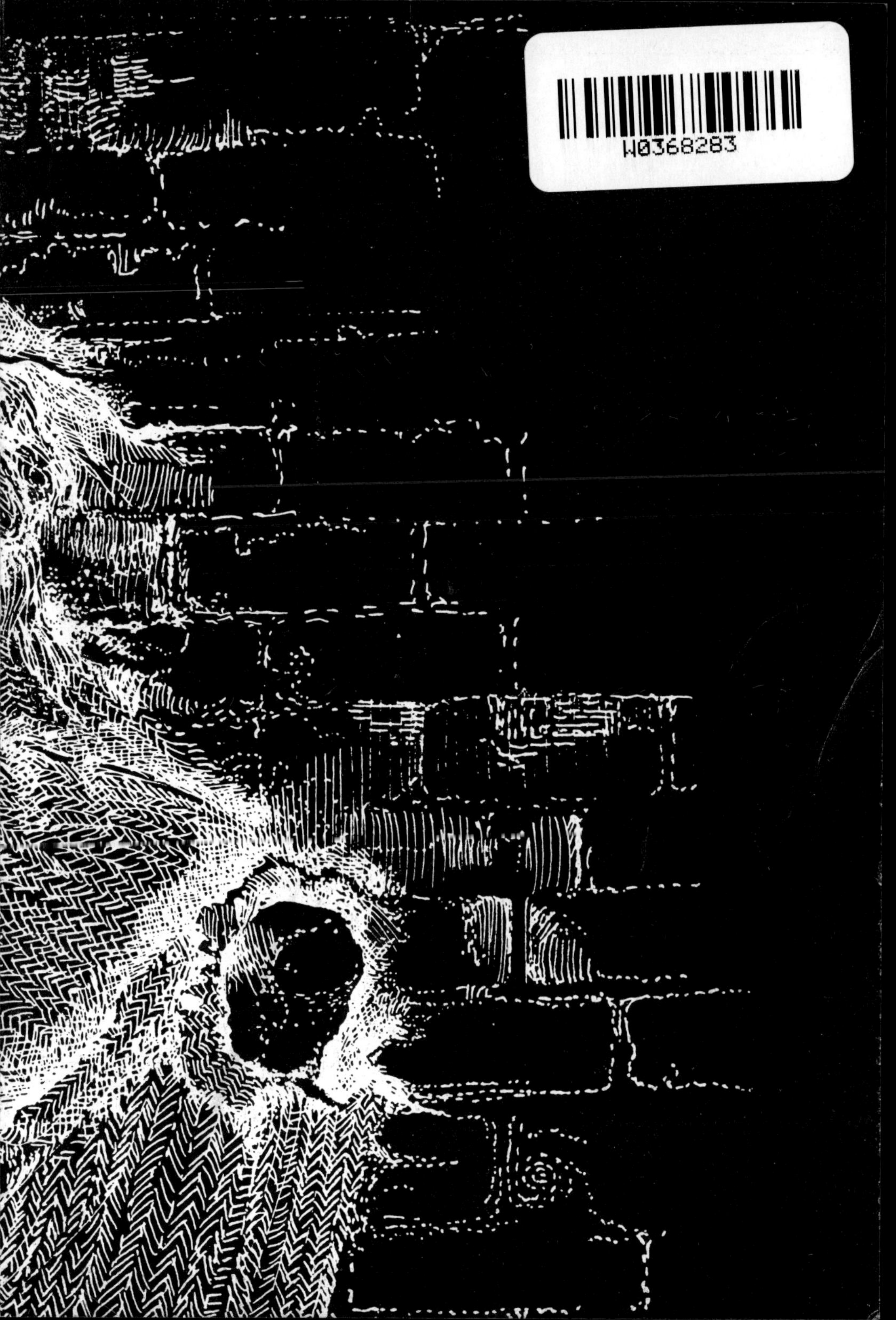

Josef Guggenmos
Das Knie aus der Wand

Josef Guggenmos

Das Knie aus der Wand

Unglaubliche Geschichten

Illustriert von Reinhard Michl

Stalling

Gesamtherstellung: Poeschel & Schulz-Schomburgk,
Eschwege/ Werra

Printed in Germany · ISBN 3-7979-2509-3

Inhalt

Das Knie aus der Wand

Höfliche Geister melden sich an, auch wenn sie, sozusagen, zum Haus gehören. Es pochte zwischen Bücherregal und Kommode – dreimal kurz, dreimal lang, das war das verabredete Zeichen. Darauf trat er – das rechte Knochenknie voran – mit der ihm eigenen trockenen Würde aus der Wand.

»Bruder!« rief er, den rechten Arm weit erhebend. »Auf zur Revanche!«

»Das Schach steht bereit«, entgegnete ich. »Aber, Freund, sieh dir das an! Diese dahinschießenden Wolken da draußen, wie Rudel schwarzer Raketen! Jetzt eben – hast du gesehen? – der Sirius, für eine Sekunde, grellweiß, und schon wieder überfahren! Und das Wetterleuchten dort hinten: ein einziges violettes Wabern!«

»Ja, das sieht gut aus«, sagte er. »Eine Nacht, wie man sie unter hunderten suchen muß! Sei's! Gehen wir aus!«

Und dann gingen wir geistern, wir alle beide. Und als wir bei dir vorüberkamen, und du dich eben aus dem Fenster beugtest, um den Laden festzumachen, da winkten wir zu dir hinauf (der kurze Dicke mit der karierten Jacke war ich, und der lange Dürre mit nichts um die Rippen war er).

Weißt du noch?

Das Wirtshaus im Moor

So, das Gruseln möchtest du lernen? Hm, hm. Was kann ich dir da empfehlen? Da wäre natürlich die Ruine Schreckenstein mit dem Burggeist Ottokar, der »Schuhuh!« schreit, mit seinem Hohlkopf Fangen spielt und sich ab und zu in einen feurigen Hund verwandelt – etwas anderes als diese harmlosen Späße ist ihm seit vierhundert Jahren nicht eingefallen. Nein, Freund, das ist nichts für dich! Aber probier's doch mal mit dem Wirtshaus im Moor! Ja, das müßte doch, meine ich, für den Anfang ganz gute Dienste tun. Und solltest du dort wirklich nicht auf deine Kosten kommen, kannst du dich ja immer noch bei anderen umhören.

Der Weg ist leicht zu beschreiben. Du weißt doch die Gärtnerei Hops & Kapores hinter dem Ort? Ja, genau die mit dem dreibeinigen Kater und dem Schild *Vorsicht, bissiger Gärtner!* Den Weg, der quer durch die Gärtnerei führt, gehst du ganz einfach weiter, an den drei Wettertannen vorbei, in die bei jedem Gewitter – immer schön abwechselnd reihum – der Blitz einschlägt: geradewegs auf den Wald zu.

Am Waldrand hast du links eine umzäunte Lärchenschonung, in der immer ein paar Rehe äsen, rechts liegt ein zusammengekrachter Jägerstand. Ach ja, da fällt mir ein: Der Jäger, der als letzter droben saß, vermißt seine Brille. Solltest du also dort bei dem Stangen- und Bretterzeug eine Brille finden – sie kann auch hundert Meter weiter liegen –, sei so nett und bring sie auf dem Rückweg mit! Das habe ich zwar vergangenes Jahr schon mal einem gesagt, dem ich den Weg beschrieb, aber der

Betreffende ist bis heute nicht mehr zum Vorschein gekommen. Weiß der Kuckuck, wo der Schlingel so lange steckt!
Dort also, zwischen Lärchenschonung und ehemaligem Jägerstand gehst du in den Wald hinein, immer fröhlich drauflos. Sooft der Weg sich gabelt, wählst du immer die schlechtere Abzweigung, dann kannst du gar nicht fehlgehen. Was die vielen Bäume betrifft, die kreuz und quer über dem Weg liegen, so kannst du drübersteigen, du kannst aber auch drumherum gehen, ganz wie du aufgelegt bist.
Auf diese Weise gelangst du nach zwei Stunden zum Schwarzen Kreuz. Dort gehen zwei Wege ab, von denen der eine so miserabel ist wie der andere, du mußt dich aber unbedingt links halten. Das Waldstück hat seinen Namen von einem vier Meter hohen Kreuz aus Eschenholz, das an dieser Stelle vor hundertfünfzig Jahren zur Erinnerung an eine Mordtat errichtet wurde. Genau dort hatte nämlich jenes berühmte Handgemenge stattgefunden, bei welchem der Oberförster Luitpold Unterholzbolzer von dem wildernden Schreinergesellen Franz Xaver Leimtiegler – weit und breit nur als der schräge Schreiner-Xaver bekannt – erstochen wurde. Das erwähnte Eschenkreuz, das sich bald schwarz färbte, ist längst umgefallen, es soll aber, wie es heißt, wieder aufgerichtet und an eine Fichte gelehnt worden sein. Also, vielleicht entdeckst du das Kreuz noch. Sonst kannst du dich aber auch nach den beiden richten, die sich dort in der Nähe herumtreiben. Den schrägen Schreiner-Xaver erkennst du leicht an der Haltung und am Grinsen, den Oberförster Unterholzbolzer an der grünen Tracht und am grimmigen Blick; auch das Messer in seinem Rücken ist ein guter Anhaltspunkt; der Griff hat Hirschhorneinlagen und Messingnieten. Also: Paß auf, dann kannst du das Schwarze Kreuz nicht übersehen! Und dort, wie gesagt: Links!
Nach einer halben Stunde kommst du gleich noch einmal an eine kritische Stelle. Dort geht ein Weg rechts, einer halbrechts und einer links. Hier solltest du den linken Weg lieber meiden, er führt nämlich schnurstracks in den Bannwald. Dort haust, falls du das noch nicht wissen solltest, der gefürchtete Bartho-

lomäus Schinaggel mit seinen dreiundzwanzig Räubern. Das ist die berüchtigte Barthel-Bande, jene vierundzwanzig Mann, welche allesamt an einem eisigen Januartag bei schauerlichem Schneegestöber – doch es waren ja zum Glück lauter wind- und wettergewohnte Männer – auf dem Marktplatz aufgeknüpft wurden. Zuvor hatten sie zwanzig Jahre lang die Leute erschlagen und ausgeraubt. Roßhändler, Leineweber, Zuckerbäcker, Doktoren, Professoren, Inspektoren, Grafen mit Gefolge, fürstbischöfliche Steuereintreiber, reisende Jahrmarktsgauner – kurz, wen sie nur erwischen konnten, alle schlugen sie tot, bergeweise. Jetzt sind sie in den Bannwald gebannt und müssen sich an den einsamen Wanderern schadlos halten, die sich alle Jubeljahre dorthin verirren. Recht geschieht ihnen!

Auch der Weg halbrechts ist nicht zu empfehlen. Da soll es noch gefährlicher sein. Also, denk an mich, bleib ganz rechts! Halt! Total verkehrt! Jetzt hätte ich dir doch beinah etwas Falsches gesagt. Rechts steckt er, der Barthel! Ganz rechts! Nein, halbrechts. Oder doch links? Sapperlott, jetzt bin ich völlig durcheinander. Wo steckt die Bande nun wirklich! Na, du wirst es ja vielleicht merken.

Solltest du zufällig den rechten, ich meine: den richtigen Weg erwischen, wirst du bald das Gefühl haben, daß einer hinter dir her ist. Wenn du dich umschaust, wirst du einen großen, dürren Wolf gewahren, an dem dir besonders der hinterhältige, brutale Gesichtsausdruck auffällt. Der Kerl hat es, ich sage es dir gleich, auf deine fetten Waden abgesehen. Wenn ich dir einen Tip geben darf: Der Halunke ist feig, und solange du ihn scharf ansiehst, wird er es kaum wagen, näher als bis auf zwei Schritte an dich heranzukommen. Aber wehe, du läßt ihn eine Sekunde aus den Augen! Bei diesem widerwärtigen Gesellen soll es sich, im Vertrauen gesagt, um einen gewissen Wastl Fallot handeln, der zunächst als Hauptmann während des Dreißigjährigen Krieges ungezählte Schandtaten beging und der dann, nach dem großen Friedensschluß, noch fünfzehn Jahre als Schulmeister in unserer Stadt die Kinder traktierte. Wie gesagt, wenn du seine

gelben Zähne in deiner Wade spürst, dann weißt du, du bist auf dem richtigen Weg.
Im übrigen dürftest du gut daran tun, diesem Weg, der mit jedem Schritt schlammiger wird, deine ganze Aufmerksamkeit zu schenken. Der letzte, der dort ging, soll noch irgendwo seine Hand aus dem Morast strecken. Gib ihm einen Prügel zu halten, es wird ihn freuen.
Doch nur Mut! Du näherst dich jetzt dem schönsten Stück deines Weges, der sogenannten Lieblichen Heide. Diese wird an beiden Seiten von einem tiefen Graben begrenzt. Über den ersten Graben – er ist sieben Meter breit – führt keine Brücke, du mußt also, es bleibt dir nicht erspart, einen kecken Weitsprung wagen. Dabei solltest du allerdings berücksichtigen, daß die Grabenränder – bedenke: Moorboden! – recht brüchig sind. Anderthalb Meter hüben und drüben mußt du mindestens zugeben. Hier wird, ich gestehe es, einiges von dir verlangt. Aber vielleicht wird dich die Tatsache beflügeln, daß viele Augen deinen Sprung mit Interesse verfolgen. Im Graben wimmelt es nämlich von jenen schwarzen, beißlustigen Schlangen, die dir gewiß auch schon auf dem Weg zu Dutzenden begegnet sind. Es handelt sich dabei um Höllennattern, und zwar um eine unverschämt giftige Rasse. Es soll jedoch – dir zum Trost sei dies gesagt – Aussicht auf Rettung bestehen, wenn der Gebissene innerhalb von acht bis zehn Minuten die Universitätsklinik in Tokio aufsucht; auch die Polyklinik in Los Angeles, USA, hält, so wird versichert, ein gutes Serum bereit.
Die Liebliche Heide bildet mit ihren Zwergbirken und Krüppelföhren, dem lila Heidekraut und dem silbernen Wollgras einen malerischen Anblick; Heidelbeeren und Preiselbeeren laden zum Mahle. Ihre Ausdehnung erstreckt sich über etwa sechs Kilometer; das ist, wie man zu sagen pflegt, eine gute Wegstunde. Du selbst wirst die Strecke allerdings in wenigen Minuten durchmessen haben. Die Liebliche Heide ist nämlich der Aufenthaltsort eines Hirsches, eines stattlichen, schlacksigen Achtundzwanzigenders, der die Spitzen seines prächtigen Geweihs an anderer Leute Rippen zu wetzen liebt.

Sollte es dir gelingen, den Graben am anderen Ende der Heide zu erreichen, ehe der Hirsch, der übrigens recht gut zu Fuß ist, dich eingeholt hat, so wirst du dort zu deiner nicht geringen Freude einen breiten Balken als Brücke finden. Auf diesem Balken pflegen allerdings ein paar verkommene Freistilringer zu sitzen, die jeden, der drüber will, in hohem Bogen über die linke Schulter ins Wasser schmeißen. Wie du mit diesem Gesindel fertig wirst, ist deine Sache. Bist du aber drüben, dann siehst du es auch schon mit hohlem Kreuz, will sagen, mit eingesunkenem Dach hinter den Brennesseln stehen: das Wirtshaus im Moor!

Von den Überraschungen, die dich dort erwarten, will ich nichts verraten. Ohne Zweifel wird dir schon bei deinem Eintritt allerlei geboten werden, was geeignet ist, dich für die Eintönigkeit des Wanderwegs zu entschädigen. Doch sollte dich das, was du zunächst erlebst, noch nicht ganz befriedigen, dann werde nicht gleich ungeduldig. Richtig los geht es erst bei Einbruch der Dunkelheit!

Hausgeist zu besichtigen

»Kennen Sie mich?« fragte er.
»Nein«, gestanden wir.
»Sie werden mich kennenlernen«, tröstete er uns.
Das war gleich am ersten Abend, nachdem wir in das zauberhafte alte Haus in Südengland eingezogen waren.
Der Herr, der mit erstaunlicher Leichtigkeit zu uns auf den Tisch gesprungen war, hatte die Höhe eines Zwergpudels. Im übrigen war er tadellos nach der Mode um die Jahrhundertwende gekleidet. Zylinder, angegraute Koteletten, Frack, Schirm überm Arm, großkarierte Röhrenhose, alles tipptopp.
»Ich bin der Hausgeist«, bemerkte er.
»Ah«, staunten wir. Donnerwetter, was hatten wir für ein Glück! Wenn uns zu unserem hübschen, von Efeu umsponnenen, mit antiken Möbeln liebevoll ausgestatteten Haus noch etwas gefehlt hatte, dann war es dies: ein echter, originaler, altenglischer Hausgeist. Nun hatten wir einen, und gar einen so feinen! Wenn man bedenkt, es hätte genauso gut auch so ein ungehobelter, garstiger, warziger, borstiger, froschmäuliger, plattnasiger sein können . . .
»Oberst a. D.« stellte er sich vor. »Im übrigen wünsche ich als Sir Robert angesprochen zu werden.«
»Sir Robert«, stammelten wir, »wir sind hocherfreut . . .«
»Erfreut?« fragte Sir Robert, erstaunt die buschigen Augenbrauen lüftend. »Und gar: hoch? Wieso das? – Passen Sie auf!«
Wir paßten auf. Der noble kleine Herr stemmte die Spitze sei-

nes Schirms auf die seidigblanke Tischplatte, mitten auf eine honigfarbene Intarsienranke. Ein Druck mit dem Daumen am Griff des Schirms – klick.

Als Sir Robert den Schirm beiseite nahm, zierte die Ranke ein kleines rundes Loch; es hätte ein Wurmloch sein können.

»Oooh!« Wir konnten ein Stöhnen nicht unterdrücken: »Der schöne Tisch!« Es war in der Tat ein Meisterstück, im letzten Drittel des achtzehnten Jahrhunderts aus edlen Hölzern erbaut. Das künstliche Wurmloch brachte ihn nicht zu Fall, gewiß. Aber mußte das sein?

»Sehen Sie her!« befahl Sir Robert. Nein, er war nicht so, er erklärte uns das Geheimnis seines Patentschirms. Am Griff befand sich ein resedafarbener Knopf. Wenn man darauf drückte, zuckte aus der Spitze eine kurze, stämmige Stahlnadel.

»Werden Sie damit öfter ...?« wagten wir zu fragen. »Wissen Sie, unsere Möbel, es sind alte, kostbare Erbstücke, und wir fürchten, der Lack, und das Holz, und alles ...«

»Aber nein«, beruhigte uns der Oberst a. D. »Möbel anpicken – ich bitte Sie! So was tut man doch nur, wenn einem wirklich nichts Besseres einfällt.«

»Nicht wahr«, riefen wir erleichtert. »Was soll's?«

»Ja«, pflichtete er uns bei. »Was soll's? Gäste anpicken ist doch unvergleichlich amüsanter. Stellen Sie sich vor, man sitzt da in aller Gemütlichkeit arglos plaudernd beim Tee, und eine Dame ...« Er war, nachdem er mit raschem Blick das Manöverfeld (Tischplatte samt umliegendem Gelände) gemustert hatte, vor einen leer am Tisch stehenden Stuhl getreten. »Hier sitzt sie! Und nun geben Sie acht! Die Dame führt eben ihre Teetasse an die Lippen, in diesem Augenblick ...« Was anschließend im Zeitlupentempo erzählt wird, vollzog sich in Windesschnelle. Sir Robert sprang über die Stuhllehne hinweg, landete, nachdem er sich in der Luft zum Tisch gedreht hatte, auf dem Teppich, schnellte, nachdem er einmal kurz in die Knie gegangen war, sofort wieder hoch, ließ knapp über dem Sitzpolster des Stuhls seine Metallnadel gegen die darauf sitzende Dame blitzen, sank wieder zurück auf den Fußboden, wo er abermals

sportlich-elegant in die Knie ging, und stand im nächsten Augenblick schon wieder, den Schirm überm Arm, auf der Tischplatte.

Alles war längst vorüber, als ein entsetztes »Huh!« aus unseren vor Schreck zusammengepreßten Kehlen an die Luft gelangte. Wir hatten uns alles so plastisch vorgestellt, daß wir nur langsam das Glück begriffen, daß für diesmal noch keine uns teure Dame auf dem Stuhl gesessen hatte ...

»Auch bei Herren mit vollem Weinglas anwendbar«, versicherte Sir Robert. »Ich war schon immer meiner Späße wegen berühmt.«

»Und was Sie uns da soeben vorgeführt haben, das wollen Sie doch nicht etwa bei unseren Gästen ...?«

»Aber ja«, beteuerte Sir Robert. »Unbedingt. Das wirkt immer.«

Wir starrten einander fassungslos an. »Wir werden niemals Gäste haben«, beschlossen wir. Dabei hatten wir uns das so ganz anders vorgestellt. Zu den vielen Vorzügen dieses entzückenden Hauses gehörte, daß es so schön geräumig war und auch Gästen Platz bot. Und wir hatten schon eine lange Liste von lieben Leuten aufgeschrieben, die wir alle, alle unbedingt einladen wollten ...

In unser finsteres Brüten hinein hallte der fröhliche Schlachtruf: »Jeden Tag eine böse Tat!«

»Eine – gute?«

»Eine böse!«

»Jeden Tag?«

»Jeden! Meine Devise.«

»Und Sie lassen sich durch kein Bitten und Flehen davon abbringen?«

»Durch nichts. Ich nehme niemals einen Entschluß zurück. – Einmal, auf einem Feldzug im indischen Bergland – dies nur als kleines Beispiel, zur Illustration – vermißte ich meine Pfeife. Vor einer Stunde war sie noch im Zelt gewesen. Der einzige, der es, außer mir, inzwischen betreten hatte, war ein indischer Dorfvorsteher gewesen, den ich wegen der Lieferung von Nahrungsmitteln zu mir zitiert hatte. Ich ließ ihn sofort mit zehn Männern aus seiner Verwandtschaft vor ein Exekutionskommando stellen. Kurz vor der Erschießung fand sich meine Pfeife; sie steckte in meiner Jackentasche.«

»Ei, da haben die armen Teufel ja gerade noch mal Glück gehabt!«

»Glück? Für was halten Sie mich? Ich hatte die Hinrichtung befohlen. Und ich habe noch nie mein Wort zurückgenommen. Nur so verschafft man sich Respekt. – Sie entschuldigen mich einen Augenblick.«

Als er drei Minuten später wieder auf dem Tisch stand, hatte er, wie ein Wunderball auf und nieder hüpfend, mindestens zwanzig Sprünge zwischen Tisch, Fußboden und Kommode hinter sich gebracht, wobei er nicht versäumt hatte, die Zeiten des Fluges jeweils noch blitzschnell zu allerlei strammen Freiübungen zu nutzen.

»Fit bleiben!« rief er. »Immer in Höchstform!«

»Zu – bösen Taten?« fragten wir.

»Sie sagen es. – Übrigens, Sie haben doch gewiß vor, öfter einmal bei einem lustigen Kaminfeuer zu sitzen?«

»Allerdings ...«, sagten wir. Schon der herrlichen Eschenscheite wegen, die im Schuppen hochgestapelt lagen, hätte es sich gelohnt, dieses Haus zu nehmen. Auf viele schöne Abende am Kamin hatten wir uns so ganz besonders gefreut.

»Manchmal werde ich ein brennendes Stück Holz nehmen«, sinnierte Sir Robert, »und mich damit auf den Teppich stellen. Dann rufe ich: Iii, wer hat mich gekitzelt?! Und lasse das Ding fallen. – Ich bin ein Witzbold, müssen Sie wissen.«

»Etwas Ähnliches haben Sie schon mal gesagt«, stellten wir traurig fest. Dann stierten wir einander an, blaß, mit zusammengekniffenen Lippen. Es hatte uns die Sprache verschlagen. Und als wir wieder Worte fanden, sagten wir: »Wir werden niemals Feuer im Kamin machen.«

Inzwischen waren in dem topfiten Herrn von Anno Tobak bereits neue Pläne gereift. »Tigerhaare!« verkündete er. »Tigerhaare! Ein vorzügliches Mittel, aus Indien mitgebracht. Fein-

gehackte Tigerhaare, jeden Tag eine kleine Prise ins Essen oder in die Getränke. Da gehen Sie schön langsam ein und wissen nicht wieso. – Ewig die gleichen Leute im Haus, ach wissen Sie ... Bei neuen Besitzern, da zünden dann auch die ältesten Witze wieder. Sie verstehen?«
Wir verstanden gar nichts, sondern taten einen grimmigen Schwur. »Wir werden keinen Bissen mehr essen und keinen Schluck mehr trinken!«
Sir Robert aber begann schon wieder, seine Fitnessübungen zu absolvieren. Seine Generation hatte so viele wackere Männer hervorgebracht, wo waren sie alle hingekommen? Nur er da, ausgerechnet er ...

Das ist nun schon etliche Wochen her. Und wir? Dank der Nachfrage, wir leben immer noch! Und freuen uns unseres Lebens, jeden Tag mehr. Trübsal blasen? Wäre ja gelacht, bei diesem herrlichen Haus! – Was wir gemacht haben? Ganz einfach. Wir besitzen ein hübsches rundes Tischlein mit einer Marmorplatte. Das hatten wir schon auf den Dachboden getan, weil uns noch keine rechte Verwendung eingefallen war. Dieses Rundtischlein holten wir wieder herunter, stellten es ins Wohnzimmer und taten mitten drauf einen tüchtigen Klacks Alleskleber. Und Sir Robert tat uns auch sofort den Gefallen. Kaum zur Tür herein, stand er auch schon auf der Marmorplatte fest. Auf diesem Rundtischlein nimmt er sich nun ganz allerliebst aus. Mittlerweile haben wir auch noch in einem Antiquitätengeschäft einen schönen, passenden Glassturz aufgetrieben. Den haben wir über unseren Gentleman gestülpt, damit er uns nicht so einstaubt.
Du mußt uns besuchen, unbedingt. Am besten gleich übers nächste Wochenende, ja? Wir freuen uns schon riesig. Kochen können wir, das weißt du ja, einen guten Tropfen haben wir auch im Haus, und am Abend sitzen wir so richtig urgemütlich am Kamin. Und unseren Hausgeist darfst du natürlich auch besichtigen.
So einen hat nicht jeder!

Neues aus dem Kemnathwäldchen

Herr Vitus Lamperl ist Besitzer der gutgehenden, alteingeführten Einhorn-Apotheke am Marktplatz unserer Stadt. Durch die langjährige Zusammenarbeit im Vorstand des hiesigen Heimatvereins (Herr Lamperl ist Vorsitzender, ich bin Kassierer) bin ich mit ihm befreundet.

Nun hatte Herr Lamperl im vergangenen Spätsommer beim Pilzsuchen im Kemnathwäldchen ein beunruhigendes Erlebnis. Er spricht sehr ungern darüber. Nur mich hat er in alle Einzelheiten dieses empörenden Vorkommnisses eingeweiht. Jetzt stehen wir vor einer schweren Entscheidung. Geht es an – das ist hier die Frage –, bestimmte peinliche Details der Geschichte zu verschweigen? Oder gar das ganze Ereignis zu unterschlagen? Obwohl es doch im Interesse der Heimatpflege liegt, daß alle derartigen Beobachtungen so vollständig und so wahrheitsgetreu wie nur möglich – ohne jede persönliche Rücksichtnahme! – der Nachwelt überliefert werden. Wir sind uns unserer hohen Verantwortung voll bewußt. – Soll, mit anderen Worten, der ganze Schabernack, wie er sich von Anfang an abgespielt hat, in die Neuausgabe der seit Jahrzehnten vergriffenen Broschüre »Spukgeschichten aus dem Kemnathwäldchen« aufgenommen werden? Muß es sein? Was meinen Sie? Lassen Sie sich erzählen.

Herr Apotheker Lamperl ist, dies sei vorausgeschickt, der Pilzfachmann unserer Stadt. Er fungiert als Pilzberater und veranstaltet ab und zu in seinem Schaufenster eine kleine Pilzschau, wobei er mit den wichtigsten Gift- und Speisepilzen bekannt macht oder auch interessante Besonderheiten unserer Pilzflora – etwa den kindskopfgroßen Riesenbovist oder die drei in unserer Gegend vorkommenden Erdstern-Arten – vorstellt. Pilzwanderungen gehören für ihn, der sich nur selten Erholung gönnt, zu den glücklichsten Stunden.

So hatte er an einem schönen Nachmittag, als er sich für ein paar Stunden freimachen konnte, wieder einmal dem eine gute Wegstunde entfernten Kemnathwäldchen einen Besuch abgestattet. Das sogenannte Kemnathwäldchen, heimatkundlich vor allem durch eine Anzahl altüberlieferter Spukgeschichten interessant, zieht sich hinter den Fluren des Dorfes Berlebach über einen flachen Hügel. Einst ein stolzer Mischwald, besteht es heute leider aus einem häßlichen, halbwüchsigen Fichtenwald mit dicht in Zeile stehendem Stangenholz.

Die Suche war an diesem Nachmittag für Herrn Lamperl eine einzige Enttäuschung gewesen. Nicht einmal ein halbwegs brauchbarer Täubling für die Suppe, nichts. Herr Lamperl dachte schon daran, auf etwas anderem Weg die Heimwanderung anzutreten. Da plötzlich diese Freude: Goldröhrlinge! »Jugendliche Goldröhrlinge zeichnen sich durch besondere Schönheit aus«, heißt es in dem vortrefflichen alten Pilzwerk von Eugen Gramberg. Mit dem Artnamen Elegans hat die Wissenschaft diesen sympathischen Pilz mit dem goldgelben, feurig goldbraunen oder braungelben Hut ausgezeichnet, und selbst der Laie, der keine besondere Beziehung zu Pilzen hat, wird von dem Anblick dieses freundlichen, so appetitlich wirkenden und übrigens tatsächlich sehr wohlschmeckenden Pilzes entzückt sein. Goldröhrlinge, ein volles Dutzend, alle in frischem Jugendalter, umstanden in fröhlicher Runde einen mächtigen Baum mit rotbrauner, tiefrissiger Borke. Ehe Herr Lamperl sich bückte, um diese köstlichen Früchte des Waldes zu ernten, hob er seinen Blick dankbar zu der Lärche empor, die diesen Schatz bescherte. Denn nur in inniger Verschwisterung mit einer Lärche vermag der Goldröhrling zu gedeihen. Ja, da stand sie vor ihm, mit gewaltig emporstrebendem Stamm, die bis tief herab reichenden Äste weit gebreitet. Hab Dank, edler Forst-

mann, der du diesem wunderbaren Baum beim letzten Kahlschlag Gnade gewährtest! Hut ab, guter Freund! Herr Lamperl umfing noch einmal mit einem dankbaren Blick dieses reizende Bild: die goldenen Pilzgestalten unter den lichtgrünen Fittichen des majestätischen Baumes – inmitten des trostlosen Fichtenwaldes eine Insel des Friedens. Darauf klappte er sein Taschenmesser auf, um den Fuß des ersten Pilzes sorgsam vom Myzel zu trennen. Da geschah das Ungeheuerliche.
Vergegenwärtigen wir uns die Situation: Herr Apotheker Lamperl kauert in halb kniender, vorgebeugter Stellung, etwa zwei Meter vom Stamm der Lärche entfernt, mit dem Rücken zu

diesem, und setzt das Messer an den Pilz. In diesem Augenblick trifft ihn – Verzeihung, lieber Leser, aber die abscheuliche Tat muß beim Namen genannt werden – ein brutaler Tritt in den Hintern, der ihn weit durch die Luft katapultiert.
Nun ist es gesagt. Aber so war es. Freund Lamperl freilich konnte sich in diesem Augenblick noch nicht über das, was ihm widerfahren war, im klaren sein. Hatte ihn – auch diese Möglichkeit schoß ihm während des Fluges durch den Kopf – ein wilder Eber in vollem Lauf gerammt? Er landete – welch Glück! – mit der Nase in einem vermoderten Baumstrunk. Ohne ein paar blutende Kratzer war es nicht abgegangen, aber darauf zu achten, war jetzt nicht die Zeit. Drohte weitere Gefahr? Und von welcher Seite? In panischer Angst sprang Herr Lamperl, kaum auf dem Boden, wieder auf die Beine.
Weit und breit kein lebendes Wesen. Das konnte ihm für den ersten Augenblick ein Trost sein. Dafür mußte Herr Lamperl eine andere Entdeckung machen, die ihm mit eisigen Schrecken durch die Glieder fuhr. An der Lärche, jawohl, an diesem Baum, den er soeben noch mit größter Aufmerksamkeit betrachtet hatte, an dieser Lärche also – noch dazu, man bedenke, am untersten Ast! – hing ein toter Mann. Das ausschwingende Bein pendelte kaum eine Handbreit über der rostfarbenen Nadelstreu.
Mein Freund zog sich ein paar Schritte zurück und starrte dann aus sicherer Entfernung auf das befremdliche Bild. Dort, grübelte er, genau dort habe ich gekniet, im Schußbereich des schwingenden Beines, vor jenem goldgelben Pilz, bei dem mein Taschenmesser blinkt – Gott im Himmel, wie leicht hätte das ärgste Unglück geschehen können, wäre mir das Messer nicht sofort aus der Hand gefallen! Wie ergeben er dahängt, die Augen geschlossen, der fahle, unrasierte Geselle dort am Ast! Aber er war's! Und wenn er noch so unschuldig tut, er ist es gewesen! Pfui, was muß das für ein roher, rücksichtsloser Charakter sein! Einem anderen Menschen, der ein offenes Messer in der Hand hält, derart ... Freund Lamperl konnte nur den Kopf schütteln. – Sollte er es wagen? Nein, er wagte es nicht,

sich noch einmal in die Reichweite dieser seit Urzeiten nicht geputzten Schuhe zu begeben, um sein schönes, geliebtes Taschenmesser zurückzuholen. Und selbst wenn er seit Jahrhunderten tot ist, ging es ihm unwillkürlich durch den Sinn, dem Kerl ist alles zuzutrauen!

Doch wie immer, sagte sich Apotheker Lamperl zuletzt, da ist ein Toter, und es muß etwas geschehen. Und er eilte, Leute zu holen. Dort schimmerte es zwischen den finsteren Fichten; der Waldrand war nicht weit.

Er rief, winkte. Wohin man sah, waren Menschen mit der Ernte beschäftigt, aber nicht einer nahm Notiz von ihm. Schließlich lief Herr Lamperl auf einen riesigen Traktor zu, den ein junger Mann dirigierte. Erst als dieser etwas von einem Toten hörte, brachte er sein Ungeheuer, das einen Kartoffelroder hinter sich dreinschleppte, zum Stehen und kletterte herab. Der junge Landwirt schrie etwas zu einem Nachbarfeld hinüber und schritt dann mit dem Städter in stummer Entschlossenheit auf den Wald los.

Kurz vor dem Waldrand schaute Herr Lamperl sich noch einmal um. Welch ein Bild! Wie auf ein Zauberwort waren auf allen Feldern die Maschinen zum Stillstand gekommen. Ganz Berlebach eilte hinter ihnen drein!

War es Herrn Lamperl bisher bis zum Schüttelfrost kalt gewesen, so schoß es ihm jetzt siedheiß in den Kopf. Wie, wenn der Tote nun nicht mehr dahängen würde? Diese Blamage! Der Kerl ist zu allem fähig . . .

Doch nein, er tat Herrn Lamperl den Gefallen. Er hing noch da. Aber er hatte sich inzwischen etwas Neues ausgedacht. Er übertraf sich jetzt, so könnte man sagen, selbst.

Denn er hing nun an einem höheren Ast, mit weit aus dem Maul hängender Zunge, die hervorquellenden Augen gräßlich verdreht. Ein Anblick, widerlich und würdelos.

Niemand kannte den Erhängten, nein, es war kein Hiesiger. Er mußte schon lange da hängen, darüber war man sich einig. Adolf – so wurde der stämmige junge Mann gerufen, den Freund Lamperl angesprochen hatte – hob das Taschenmesser vom

Boden auf und zeigte es herum. Man staunte, wie gut es erhalten war, kein Zweifel, prima Qualität – und Adolf klappte es zusammen und steckte es in seine Tasche. Lamperl wagte keinen Protest.

Und nun kam man überein – Polizei? Ach was, wozu lang Umstände machen! – den Toten abzunehmen.

Herr Lamperl, dem die Berlebacher keine sonderliche Beachtung schenkten (und der sich wohlweislich hütete, die von dem Toten erlittene schimpfliche Mißhandlung mit einem Wort zu erwähnen), hielt sich bei einer Gruppe von Frauen und Kindern im Hintergrund, den Erhängten fest im Blick. Denn daß dieser weiteres im Schilde führte, war für ihn klar. Und siehe da – Freund Lamperl zuckte zusammen – der Mann am Strick hatte ihm plötzlich boshaft zugezwinkert! Eine in seiner Nähe stehende Frau schrie laut auf; sie hatte es auch gesehen! Doch als sie aufgeregt ihre Beobachtung hervorstotterte, erntete sie nur schallendes Gelächter. »Du spinnst«, hieß es. »Der hat schon lange ausgezwinkert! – Aber natürlich, wie er dich gesehen hat ... Willst du ihn geschenkt? Warte, kannst ihn gleich haben, den Lukas!« Und schon hatte der Unbekannte einen Namen.

Inzwischen hatten die Männer zu Füßen des Erhängten die nötigen Vorkehrungen getroffen. Adolf hatte breitbeinig Aufstellung genommen, und ein langer Bursche namens Andreas, dem Adolf das gefundene Taschenmesser übergeben hatte, setzte sich ihm auf die Schulter. Andreas klappte Lamperls Taschenmesser auf, packte den Strick im Nacken des Toten mit der linken Hand und fing an, dicht über dieser den Strick durchzusäbeln. Unten standen ein paar beherzte Bauern bereit, den niedersinkenden Leichnam aufzufangen.

Was sich nun abspielte, wird jedem, der Zeuge war, unvergeßlich bleiben. Denn in dem Augenblick, als die letzte Faser des Strickes riß, schoß eine gespenstige Lebendigkeit in den Toten: Ein flinkes Strampeln in der Luft – und schon saß er einem Bauern im Nacken! Man stob auseinander, als hätte eine Granate eingeschlagen. Der übermütige Tote aber dirigierte sein Pferd johlend auf Adolf und Andreas zu, um einen lustigen

Reiter-Ringkampf zu beginnen. Unter verzweifelter Aufbietung aller Kräfte warf der Bauer seinen gespenstigen Reiter ab, während gleichzeitig Adolf sich bückte, um Andreas ein schnelles Abspringen zu ermöglichen. Doch kaum hatte Adolf seinen Reiter los, da saß ihm schon ein neuer im Genick: Lukas! Dieser umklammerte seinen Hals mit eisernen Schenkeln und trieb ihn an, auf verschreckte Frauen loszugaloppieren. Adolf mußte sich niederwerfen und am Boden wälzen, um den Kobold loszuwerden. Worauf Lukas sich erhob und, immer wieder unter Gelächter zurückwinkend, im Wald verschwand.
Der Spuk hatte Sekunden gedauert. Aber der Schreck war den Berlebachern so in die Knochen gefahren, daß sie mit bleiernen Gliedern aufeinander zugingen. Kopfschütteln. Betroffenes Schweigen. Ab und zu ein Ausruf: »Da legst dich nieder! »Das darf doch nicht wahr sein!« »So was hat die Welt noch nicht gesehen!« »Dieser Hundling, dieser verreckte!« (Hundling, verreckter!, genauer: Hundling, fareckta! = ein für diese Gegend seit dem frühen 17. Jahrh. belegtes Kraftwort, in dem eine gewisse Anerkennung mitschwingt.)
Da kam einer in wilden Sprüngen im Wald daher. Lukas! Dem war ein anderer auf den Fersen, auch so ein staubiger Bruder. Der Verfolger hielt eine Pistole in der Hand, mit der er zum Schuß zu kommen suchte. Aber auch der verzweifelt Haken schlagende Lukas hatte so ein Ding. Kreuz und quer, hin und her, immer mitten durch die entsetzt Deckung suchende Schar der Berlebacher hindurch ging die Hetzjagd. Und plötzlich standen die beiden Kampfhähne einander auf drei Schritt Distanz gegenüber, die Waffe auf die Brust des Feindes gerichtet. Und dann fiel ein Schuß, nein, es waren zwei Schüsse, die in der gleichen Sekunde krachten. Die Berlebacher wagten sich nur zögernd hinter den mageren Fichtenstämmen hervor, denn ihre in Fernseh-Western gesammelten Erfahrungen ließen sie weiteres Geballer erwarten. Doch ihre Befürchtungen waren unbegründet, da die in diesem Gefecht benutzten altertümlichen Waffen lediglich einen Schuß hergaben. Überdies hatte jeder dieser beiden Schüsse ohnehin seine Pflicht getan. Beide Helden

krallten die Linke in die linke Brust (über dem getroffenen Herzen) – die weit abgestreckte Rechte umkrampfte noch im Tod die rauchende Waffe. Die Männer krümmten sich nach rückwärts, drehten sich, wankten, sanken … So sterben Helden, wer je einen Western gesehen hat, weiß es; so starben sie immer schon. Und dann lagen sie auf dem Waldboden, hingemäht, alle viere von sich gestreckt. Die Berlebacher traten näher, und ein Bauer nahm seinen Hut ab, wie es angesichts des Todes üblich ist. Drei, vier andere hoben gleichfalls die Hand, um den Toten ihre Reverenz zu erweisen. Doch die Gefoppten ließen ihren Arm beschämt wieder sinken. Denn die beiden Totgeschossenen sprangen grinsend wieder auf die Beine. »Gut gemacht, was?« grinste Lukas.

»Aff, gselchter!« entfuhr es da einem entrüsteten Jungbauern.

»Lackl, damischer!« gab Lukas, der auch nicht aufs Maul gefallen war, zurück (womit er gleichzeitig zum Ausdruck brachte, daß er, wenn auch vielleicht nicht aus diesem Jahrhundert, so doch kein Zugereister war). Und dann rannte er mit seinem Spezi in den Wald davon, nicht ohne zurückzurufen: »Wartet! Wir holen nur schnell noch die andern!«

Die Berlebacher warteten aber nicht, sondern ergriffen eilig die Flucht. Herr Lamperl verließ mit ihnen die unheimliche Stätte und hastete dann dem Waldrand entlang zur Stadt zurück. Unterwegs fiel ihm ein, daß sein Taschenmesser (er hatte beobachtet, wie es dem Andreas auf dem Höhepunkt des dramatischen Geschehens aus der Hand gefallen war) noch immer unter der Lärche bei den zertrampelten Goldröhrlingen lag. Doch er kehrte nicht um.

Zu Hause machte er eine Mappe frei und versah sie mit der Aufschrift *Neues aus dem Kemnathwäldchen*. In ihr wollte er alles sammeln, was er an Belegen für die Vorkommnisse im Kemnathwäldchen – Gedrucktes, Protokolle mündlicher Berichte – auftreiben würde. Mit Spannung erwartete er jeden Morgen die Zeitung. Doch seine Enttäuschung war groß. Keine Zeile. Allmählich wurde ihm klar, daß die Berlebacher sich verschworen hatten, dicht zu halten. Bis zu einem gewissen Grad war dies sicherlich auch verständlich. Im Herrgottswinkel, in dem einmal Kreuz und Heiligenbilder ihre Heimat hatten, thront längst der Fernsehapparat. Längst hat die moderne Zeit mit Maschinenpark, Kunstdünger und chemischer Schädlingsbekämpfung auf dem Land seinen Einzug gehalten; die Flurbereinigung hat die einst lebendige, an Erinnerungen reiche Landschaft zu reinen Nutzungsflächen flachgebügelt. Welches Dorf will sich da noch nachsagen lassen, daß es in seiner Gemarkung spuke? Und so läge es wieder einmal an einem Städter, die Sache zu retten. An Freund Lamperl also wäre es, mutig aufzustehen und der Wahrheit die Ehre zu geben. Aber da ist zum einen dieser hinterhältige Fußtritt – o Lukas, hast du dir nichts Besseres einfallen lassen können? – der ihn, Freund Lamperl, für immer zum Gespött und zur Zielscheibe boshafter Anspielungen machen würde (man weiß, wie die Menschen sind). Und was das übrige betrifft – wie steht Lamperl da, wenn die Berlebacher sich geschlossen weigern, seine Aussagen zu bestätigen? Er ist ein erledigter Mann.

Einmal faßte Freund Lamperl die Gelegenheit kurz entschlossen beim Schopf. Ein Bauer aus Berlebach war mit einem Rezept in die Apotheke gekommen; Lamperl erkannte ihn wieder, es war einer von jenen, die damals unter dem Baum bereitstanden, den toten Lukas in Empfang zu nehmen. Sonst war kein Kunde im Raum, es fügte sich gut. Apotheker Lamperl schickte rasch die beiden Helferinnen mit einem kleinen Auftrag fort. Dann wandte er sich an den Bauern, der ihn offensichtlich nicht wiedererkannte. »Herr . . .«, er blickte auf das Rezept, ». . . Brandner, ich möchte Sie um einen großen Gefallen bitten. Ich bin, wie Sie vielleicht aus der Zeitung wissen, Vorstand des Heimatvereins, der sich schon immer sehr um die sogenannten Spukgeschichten unseres Gebietes gekümmert hat. Und nun habe ich gehört, daß sich da kürzlich bei Ihnen im Kemnathwäldchen, in dem sich auch früher schon . . .«

»So«, sagte der Bauer und lehnte sich breit über den Ladentisch. »Sie haben was gehört? Interessant. Wissen Sie was da war? Das will ich Ihnen genau sagen. Nichts. Justament nichts. – Fastanden?« fuhr der Bauer fort, plötzlich in eine andere Tonart verfallend: »Hadalump, hintafotzada! Misthund, lurada! Ungspitzt in Boden hau i di! Hast mi fastanden? Gockl, gottfareckta!« Aber so sind unsere Bauern, gerade heraus, und wie sie reden, so meinen sie's auch. (Solltest du, lieber Leser, der hiesigen Umgangssprache nicht mächtig sein, so wirst du doch den tieferen Sinn der nicht leicht zu übersetzenden Worte ahnen.)

Seitdem Herr Brandner beim Weggehen die Tür hinter sich zuschlug, daß noch in fernen Ecken die Gläslein von den Regalen klirrten, hat kein Berlebacher mehr die Apotheke betreten. Nein, von dieser Seite ist keine Hilfe zu erwarten.

Aber ein bißchen ist in letzter Zeit doch durchgesickert. Im Kemnathwäldchen geistert es wieder mal, heißt es. Und wenn man auch nie etwas Genaues zu fassen kriegt, so scheint doch so viel festzustehen, daß Lukas mit seinen Kameraden unter den merkwürdigen Gestalten, die sich dort zeigen, zu den harmloseren gehört. – Auch das Kemnathfräulein soll sich übrigens wieder zeigen. Angetan mit einem knöchellangen schneeweißen Gewand, einen perlenbestickten Gürtel um den gertenschlanken Leib, ein Diadem im Blondhaar, schreitet sie bloßfüßig über den Waldboden: eine Prinzessin wie aus dem Märchenbuch. Doch hat sie leider die schlechte Angewohnheit, daß sie allen, denen sie begegnet, mit ihren so zart wirkenden und dabei doch erstaunlich kräftigen Händen die Köpfe umdreht, bis die Gesichter mit einem Knacks nach hinten sehen. Muß das sein? Aber sie kann's und kann's nicht lassen.

Wie gesagt, es tut sich wieder was im Kemnathwäldchen. Und es würde sich lohnen, den Dingen ein wenig auf den Grund zu gehen. Aber Herr Vitus Lamperl hat irgendwie das Interesse verloren. Er geht nicht mehr hin, ihm ist alles egal, nicht einmal sein Taschenmesser will er sich mehr holen. Wer's aufhebt, hat er mir erst kürzlich wieder gesagt, kann's behalten. Das wollte ich dir, lieber Leser, noch ausgerichtet haben. Du weißt ja, wo's liegt, unter der Lärche im Kemnathwäldchen.

Schwarzvater

Wir befinden uns auf dem Hauptpostamt; es ist kurz vor neun. Das Datum: 27. April.

»Für unsern Freund, unsern ganz speziellen, ist auch wieder was dabei«, grinst Herr Praxler, der Sortierer, und schiebt dem Jungbriefträger Martin Holzapfel den Postberg mit einer hinterhältigen Behutsamkeit zu, als wäre eine lustige kleine Zeitbombe darin versteckt. Mit klopfendem Herzen stopft Martin das ihm Anvertraute in die schwarzlederne Umhängetasche und marschiert los.

Wer ihn kannte, mochte sich heute über Martin Holzapfel wundern. Nachdenklich, wie es sonst gar nicht seine Art war, wie traumverloren taumelte er in die Hauseingänge, die Treppen hinauf, die Treppen hinab.

Und dann stand er vor der alten holzgeschnitzten Tür, Arcanusgäßchen 11, den Brief in der Hand. Jetzt hätte er nur die Messingklappe an der Tür zu heben und den Brief durch den dahinter versteckten Schlitz ins Kästchen zu werfen brauchen. Und alles wäre gut gewesen. Ja, so einfach ist oft alles.

Martin aber sah grübelnd das schmalbrüstige Haus mit den Butzenscheiben hinauf.

In jeder Stadt gibt es so ein Haus. Es ist anders als alle andern. Eine merkwürdige, beredte Stille geht von ihm in die Welt. O kommt doch, ruft es, kommt alle! Doch wie selten wird die verschnörkelte Klinke des Heimatmuseums gedrückt. Von den Ureinwohnern der Stadt hat es wohl jeder einmal von innen gesehen, damals zur Schulzeit (es sei denn, er hätte an jenem Tag die Masern, die Röteln, die Windpocken oder den Keuchhusten gehabt). Aber wer findet später, als reifer Mensch, noch einmal hinein? Dabei hat doch jedes Heimatmuseum seine Schätze – Besonderheiten, die man nirgendwo anders zu sehen kriegt, Kostbarkeiten, um die es von den großen Museen, den ewig unersättlichen, beneidet wird.

Und so besitzt auch das hiesige Heimatmuseum im Arcanusgäßchen eine Besonderheit allerersten Ranges. Denn wo sonst findet man noch eine vollständige, an Ort und Stelle erhaltene Alchimistenküche?

Hier nämlich, im sogenannten Schwarzvaterhaus – über die Herkunft des Namens wurden schon die heftigsten Fehden zwischen dem Heimatpfleger, einem heißspornigen Doktoranden und zwei pensionierten Studienräten ausgetragen – befand sich die Wohnung jenes Wunderdoktors Johannes Baptista Arcanus, zu dem seinerzeit die Hilfesuchenden, darunter Fürsten und Prälaten, bis aus fernsten Landen gepilgert kamen. Und mit dem es zuletzt ein gar böses Ende nahm.

Im Schwarzvaterhaus steht alles noch bereit, die Destillieröfen und die Kühlkessel, die kupfernen, zinnernen, bleiernen und irdenen Gefäße, die Kolbengläser und die Holzbüchsen, der Blasebalg und die Schmiedezange; ganz so, als sei der Meister nur eben auf eine kleine Reise gegangen.

Der Ausdruck Alchimistenküche, der allgemein gebraucht wird, trifft vielleicht nicht ganz. Mag sein, daß auch unser Doktor Arcanus der Quinta essentia, dem Samen aller Dinge, nachgesonnen hat; mag sein, daß auch er nach dem Stein der Weisen haschte, der nicht nur alle Metalle, die er berührt, zu Gold verwandelt, sondern der auch die Menschen heilt und verjüngt. Doch wird er bald begriffen haben, daß er hier nach dem Regenbogen lief. Was so ganz einer Alchimistenküche gleicht, war das Laboratorium eines Arztes, der sein eigener Apotheker war. Im Untergeschoß, wo Arcanus seine oft hohen Patienten zu empfangen pflegte, steht es in großen Lettern an der Wand, noch heutigentags deutlich zu lesen, geschrieben von seiner eigenen Hand: *Verbis, Herbis et Lapidibus.* Durch klugen Rat also und durch die freilich nur den Wissenden offenbaren Kräfte von Pflanzen und Mineralien heilte der als zweiter Theophrastus Paracelsus gefeierte Arzt. *Verbis, Herbis et Lapidibus* – ein bescheidenes und zugleich selbstbewußtes Wort; so mochten die Menschen gedacht haben, die einstmals hier dem weitberühmten, von Geheimnis umwitterten Manne gegenüberstanden. Wir Späteren freilich wissen mehr. Wir sehen nicht ohne Erschauern unter diesen Buchstaben ein Schwert an die Wand geheftet. Das Richtschwert, mit dem ihm, dem Verwegenen, auf offenem Markt das bärtige Haupt von dem hühnenhaften Leib getrennt wurde.

Wie hatten die Dinge diesen schrecklichen Lauf nehmen können? Der Zufall hat uns ein Dokument von unschätzbarem Wert überliefert.

In einer verschlossenen Vitrine liegt neben anderen Habseligkeiten des Verstorbenen ein stattliches Kräuterbuch; es ist aufs Geratewohl irgendwo bei »Salbey«, »Odermenig«, »Bilsenkraut« oder »Bachpungen« aufgeschlagen. Doch wenn es Ihnen glückt, das Vertrauen unserer guten Frau Goyer, der Museumswartin, zu erringen, dann holt sie Ihnen das Buch aus dem gläsernen Sarg und tut mit Ihnen einen Streifzug durch den vergilbten, mit zahllosen Holzschnitten geschmückten Band – bis hin zu einem Ziel, auf das Sie schwerlich gefaßt sein werden.

Das Kräuterbuch schildert nämlich nicht nur, seinem Namen getreu, Hunderte von Gewächsen nach Gestalt, Kraft und Wirkung; »Des Kräuterbuchs Anderer Theil« bringt auch die »Besondere Beschreibung der lebendigen irdischen Kreaturen, samt den Arzneyen, so von ihnen mancherley genommen werden«, und ein dritter Teil erzählt von den Metallen und Erzen, von den Edelsteinen und ihren »fürnehmsten Tugenden« sowie von »Allerhand Gummi und ausgedruckten Säften, so in der Arzney gebräuchlich«. Den Abschluß bildet ein Loblied auf den als »Stein wider alles Gifft« von Kaisern und Königen hochgeschätzten Bezoar. Davor aber, als vorletztes Kapitel also, finden wir eine lange Abhandlung, die uns aufs tiefste befremden muß. Denn wie kalt durchfährt es uns schon, wenn wir nur die Überschrift lesen: »Menschenmumien, Mumia sepulchrorum.«

Und wie wir's befürchten, so ist es gemeint:

»Einen Trank gesotten von Gersten, Sebesten, Jujubebeerlein, und Mumia darunter gemischet, und drey Tage nach einander getrunken, stillet den langwierigen Husten.

Item, das Herzwehe und Klopfen, vier Gerstenkörner schwer, mit Balsamwasser getrunken.

Leget die Blähungen der Winde des Magens und der Gedärme, mit gesottenem Wasser von Kümmel und Amey vermischt.

Vertreibet das Schluchzen mit Kümmel oder Epfwasser, vier Gerstenkörner schwer eingenommen.

Mit Biesam, Biebergeil und Campher vermischt, und zu Nasenzäpflein gemacht, und in die Naßlöcher gethan, leget es das langwierige Hauptwehe.

Heilet das Halsgeschwär, mit Honig und Essig gemischt, und gegurgelt.«

Und so wird in einer nicht endenwollenden Litanei die Kraft und Wirkung der Mumien »gar hoch gerühmet und gepreiset«. Nun war es freilich auch dem Verfasser unseres Kräuterbuches bei der Geschichte nicht so ganz geheuer. Hören wir ihn selbst!

»So viel nun die gemeldte Kraft und Tugend der Mumien anlanget, ist solches zu verstehen von der Materie, welche in die todten Körper eingefüllet ist, und sich mit der Feuchtigkeit des menschlichen Fleisches, so darunter ertröpfelt, vermischt und vereiniget hat, und nicht von dem Fleisch selbst, wie viel thun, so das Fleisch von todten Körpern zu der Arzney nehmen.

Und wenn man recht von der Menschenmumia reden will, hat man es wohl zu bedenken, ob solche Mumia oder verstorbene todte Körper, in den Leib inwendig zu gebrauchen, und einzunehmen, mehr Schaden als Nutzen dem Leib sollte zufügen: Als nemlich, dieweil alle solche Todtenleibe, sie seyen gleich von grossen Herren oder armen Leuten, mit den köstlichen Specereyen, oder mit dem gemeinen Erdwachs ausgefüllet, vorhin krank gewesen, und darnach durch die Krankheit ein cadaverosum Corpus, das ist, ein faules stinkendes giftiges Fleisch worden, und also, was Feuchtigkeit darinnen noch vorhanden, eine verderbte gifftige getödtete Materia, und in sich selbst nichts gutes ist.

So man aber wollte zum Gebrauch der Arzney eine rechte Menschenmumia haben, so man einen geraden, gesunden, wohlgestalten Menschen, welcher seiner Missethat halben, zum Tod ohnedas verurtheilt wäre, nehmen, solchen mit Myrrhen, Safran, Aloe und andern Specereyen, würtzen und ausfüllen, und sich zu bequemer Zeit durch einander digeriren lassen. Solche würde eine rechte und tügliche Menschenmumia werden.«

Ahnte der Verfasser, was er da anrichtete? Das zitierte Kapitel scheint unsern großen Medicus, wie die vielen, leider in Geheimschrift gehaltenen Randbemerkungen von seiner Hand bezeugen, mehr als jedes andere zum Nachdenken veranlaßt zu haben. Und als Mann der Tat ließ er es nicht bei Gedanken bewenden.

Doktor Arcanus (ursprünglich, vor seinem kometenhaften Aufstieg hieß er Hans Oberdorfer), war nicht verheiratet und hielt keine Dienstboten im Haus, doch nahm er ab und zu einen fahrenden Schüler für ein paar Wochen als Gehilfen auf. Es waren dies frische, hübsche Burschen – Andreas, Veit, Wolfgang, Sigismund, Benedikt – die man von gelegentlichen Botendiensten her kannte, denen aber jeder nähere Verkehr mit der Umwelt verboten war, und die eines Tages unauffällig wieder verschwanden. Im übrigen schienen sie, was das Futter betraf, bei Doktor Arcanus gut gehalten zu werden, denn alle zeigten, auch wenn sie noch so mager angekommen waren, bald ein glattes Fell; das war es wohl auch, was sie eine Weile in unserm Städtchen hielt. Und dann passierte das mit Benedikt. Dieser Benedikt, der aus Köln kam, hatte hier unversehens einen Mitstudenten wiedergetroffen, einen gewissen Lukas, der – es war Ostern – auf einige Tage nach Hause gereist war, um sich vom Vater Geld zu erbetteln. In der Universitätsstadt hatten sie kaum drei Worte miteinander gewechselt, aber hier, wo sich

der eine wie der andere langweilte, entdeckten sie plötzlich, daß sie dicke Freunde waren. Da war Benedikt auf einmal verschwunden. War er abgereist, ohne sich zu verabschieden? Abgehauen mit den Büchern, die Lukas ihm geliehen hatte? Nein, Benedikt war nicht so einer. Lukas faßte sich ein Herz und erkundigte sich unter einem Vorwand bei dem Doktor. Benedikt? Der war abgereist, Richtung Breslau. Benedikt hatte zu Lukas kein Wort von Breslau gesagt; er hatte vom Süden geschwärmt, er wollte nach Innsbruck, vielleicht noch weiter hinunter. Lukas ging mit seinem Verdacht zu seinem Vater, einem Ratsherrn, der nicht eben zu den Freunden des Johannes Baptista Arcanus gehörte – wie ja oft einer, der weit in der Welt seine Bewunderer findet, um sich Neider und Verächter sitzen hat. Es kam zu einer geheimen Ratssitzung, bei der es stürmisch herging. Die Partei derer, die dem Arcanus alles Böse zutrauten, siegte, und man drang mit Bütteln in sein Haus ein. Und siehe, da fand man sie alle wieder; friedlich, als schliefen sie, lagen da: Andreas, Veit, Wolfgang, Sigismund und Benedikt. Nur, daß Brustkasten und Bauch statt mit Herz, Lunge und Eingeweiden mit »Specereyen« gefüllt waren. Und so könnten sie noch heute daliegen, Ruhm und Zierde unseres Heimatmuseums, hätte sie nicht ein eifriger Pfarrer eiligst der heiligen Erde übergeben ... Zu der Enthauptung des Hans Oberdorfer alias Johannes Baptista Arcanus wäre zu sagen, daß sie noch nach Jahrzehnten bei Wirten, Straßenverkäufern und Gewerbetreibenden ob des gewaltigen Zulaufs in bester Erinnerung war. Es war die Hinrichtung des Jahrhunderts, das sagte jeder.
Seither war viel Wasser den Bach hinabgeflossen. Aber, oho! Jetzt auf einmal rührte dieser Arcanus sich wieder. Schon seit Monaten hörte man dann und wann des Nachts ein Rumoren im Schwarzvaterhaus. Es gab auch Leute, die schworen, zu nächtlicher Stunde die Umrisse eines riesigen, bärtigen Mannes im Fenster gesehen zu haben. Und bedurfte es noch eines Beweises, so mußte dies dem letzten Zweifler den Mund stopfen: Schon zweimal hatte die Post in Gestalt des Jungbriefträgers Martin Holzapfel einen an Doktor Johannes B. Arcanus adres-

sierten (und übrigens vorschriftsmäßig frankierten) Brief im Haus Arcanusgäßchen 11 eingeworfen, der dann, wie Frau Goyer bezeugen konnte, über Nacht aus dem Kästchen verschwand.

Den dritten Brief hielt Martin Holzapfel jetzt (noch immer) in der Hand. Er studierte zum zehnten Mal Adresse und Absender, als wäre da etwas nicht klar. Dabei war an der wohl etwas fahrig geschriebenen Adresse nichts zu deuteln, und bot auch der lediglich aus dem Namen »Asmodeus« bestehende Absender nicht all das, was die Post sich ersehnt, so gab es doch nichts, was sie, die Post (= Martin Holzapfel), von der Pflicht entbunden hätte, den Brief schleunigst einzuwerfen. Doch die Sache war die: Martin Holzapfel hätte gar zu gerne gewußt, was dieser Doktor Johannes Baptista Arcanus geschrieben bekam. Nun, nun, wie haben wir's denn? Es gibt doch wohl immer noch so etwas wie ein Briefgeheimnis! Wußte Martin das nicht? Er wußte es. Er kämpfte einen schweren inneren Kampf. Dabei wußte er nicht einmal, was jedem von uns, der ein bißchen in der Welt Bescheid weiß, wohlbekannt ist: Daß, wie der Adressat, so der Absender eine Persönlichkeit war, die einiges versprach. Schließlich ist man als Oberteufel nicht irgendeiner. Und wie ging das Match aus? Martin tat, was ein schwacher Mensch in einem solchen Falle tut. Er steckte den Brief in ein leergewordenes Fach der Umhängetasche; es waren ja noch drei Gassen auszutragen, und er konnte immer noch zurückkehren, um den Brief einzuwerfen. Natürlich kam er dann nicht zurück, sondern nahm den Brief nach Dienstschluß mit nach Hause, um ihn dort fachmännisch zu öffnen.

Das heißt, er hielt den Umschlag über heißen Wasserdampf. Er las den Brief, bekam Stielaugen, las den Brief noch einmal. Und noch einmal. Und verschloß den Umschlag wieder, unter Zuhilfenahme von Klebstoff. Die Prozedur war an dem Brief nicht spurlos vorübergegangen. Aber schließlich kann ein Postsack auch mal in ein Hochwasser geraten, nicht wahr? Den Brief trug Martin Holzapfel dann am andern Tag mit aus; das reichte, wie er wußte, dicke.

Jetzt wußte er, was im Brief stand; jetzt hatte er seinen Seelenfrieden wieder. Sollte man denken! Das Gegenteil war der Fall. Denn wer kann schlafen nach einem solchen Brief. Der Inhalt war schlicht dieser:

Meister Arcanus! Freund und Schurke!

Wie vertreibst Du Dir die Nächte, alter Uhu? Mach Dich auf was gefaßt: In der Walpurgisnacht kommen wir, mit Dir zu feiern! Wir sind zu fünft, alles Prominenz, Du wirst staunen. Dieser Hitler ist leider auch dabei, aber ich habe ihm schon beigebracht, daß er nicht ewig zu quasseln hat. Also: Brau uns was Feines! Etwas, was vorhält!

Mit höllischem Gewieher

Asmodeus.

Wann war Walpurgisnacht? Martin wußte es nicht. Aber Martin hatte eine Freundin (damals noch, heute hat er keine mehr), und diese Freundin hatte ein Lexikon.

Am 30. April, nachmittags um vier, bezog Martin am Anfang des Arcanusgäßchens Posten. Eine halbe Stunde starrte er in die Auslage des Zweiradgeschäfts am Eck. Und dann hatte er Glück. Unverschämtes Glück.

Ein Rudel Männer und Frauen, offenbar Lehrkräfte von auswärts auf Betriebsausflug, steuerte auf das Heimatmuseum zu; Frau Goyer (sie wohnt über die Straße) wurde herbeigeholt, und der ganze Schwarm drang in das Schwarzvaterhaus ein; Martin schloß sich an. Er sei zufällig gerade vorbeigekommen und möchte gern auch mal gucken, sagte er, und die nette Frau Goyer, die ihn gleich wiedererkannt hatte, wollte nicht mal Eintrittsgeld von ihm. Martin hörte sich eine Weile die Führung mit an, erst im Erdgeschoß, dann im ersten Stock. Und als er den Zeitpunkt für gekommen hielt, nickte er Frau Goyer ein freundliches »Dankeschön!« zu, ging die Treppe hinab und ließ die Türglocke bimmeln.

Martin hatte aber keineswegs das Gebäude verlassen.

Er schlich in eine hintere Kammer und kroch dort unter ein breites Himmelbett, das auf kurzen gedrehten Beinen stand. Hier war er sicher.

Alles ging nach Wunsch. Schon nach einer Viertelstunde verabschiedeten sich die Besucher. Gleich nach ihnen ging auch Frau Goyer und schloß von außen ab. Martin konnte sein unbequemes Versteck verlassen. Er setzte sich in einen Großvatersessel und wartete, bis es langsam dunkel wurde. Dann ging er nach oben. Das große Abenteuer begann.

Wo würde die düstere Runde sich versammeln, um auf ihre Art übermütig Walpurgisnacht zu feiern? Gewiß in der Alchimistenküche. Hier spürte man, wie nirgendwo sonst, den Herrn des Hauses gegenwärtig. Und hier war auch alles da, ein von Alter dunkler und glatter Eichentisch, eine feste Bank, schwere Stühle.

Und in der hintersten Ecke stand eine alte Truhe, wie geschaffen für einen heimlichen Beobachter. Der Deckel ließ sich von einem der drin saß – Martin probierte es aus – mühelos mit der Schulter heben. Mit dem vorsorglich mitgebrachten Maschinenöl schmierte er kräftig die Scharniere. Was fehlte noch? Von unten, von dem großen Himmelbett holte er ein rotkariertes Kissen und legte es in der Truhe zurecht. So, jetzt konnte man's hier drinnen aushalten. Da der Deckel, der sich im Lauf der Zeit verzogen hatte, nicht genau auflag, brauchte man auch nicht zu fürchten, in der Kiste zu ersticken. Es konnte losgehen.

Es ging aber vorerst noch nicht los. Die Nacht rückte langsam vor. War er umsonst gekommen? Martin fiel plötzlich ein, daß er sich noch gar nicht überlegt hatte, wie er wieder aus dem Haus kommen wollte.

Da begann die nahe Kirchturmuhr zu schlagen. Sie schlug elf. Der letzte Schlag war noch nicht verhallt, da erklang ganz in der Nähe ein schwerer Tritt. Das Geräusch setzte so unvermittelt ein, als habe einer, der unsichtbar schon immer umging, plötzlich seine Körperlichkeit gewonnen.

Ein schwerer Mann schritt auf und ab und hantierte da und dort. Martin wagte es noch nicht, den Deckel zu heben.

Nach einer halben Stunde ging der Mann zum Fenster; die Butzenscheiben klirrten in den Bleifassungen, als er es öffnete.

»So, nun können sie kommen!« Etwas dieser Art brummte er, doch dann zog er plötzlich geräuschvoll den Atem ein, wie einer, dem etwas eingefallen ist, was er rasch noch erledigen muß.

Und nun kamen die Schritte geradewegs auf die Truhe zu. Der Deckel wurde angefaßt und hochgeklappt. Martins Gefühle brauchen wir nicht zu beschreiben.

»Sohn, erhebe dich!« sprach eine tiefe, wie aus Felsenschächten hallende Stimme. Martin starrte in das bis über die Backenknochen von maßlosem schwarzem Bart überwucherte Gesicht eines gewaltigen Mannes. Schwarzvater! Auch wenn er das Wort nie gehört hätte, wäre es ihm in diesem Augenblick durchs Gehirn geschossen.

Martin stieg aus der Truhe.

»Sohn, du gefällst mir!« Martin hörte es nicht gern. Denn genauso hatte dieser gleiche Mann einmal zu anderen jungen Männern gesprochen. Unwillkürlich schüttelte er den Kopf.

Doch auch der Riese, der da dicht vor ihm im nächtlichen Zwielicht emporragte, schüttelte das Haupt: »Sohn, ich kann dich nicht brauchen.«

Das hörte sich nicht schlecht an. Doch Schwarzvater führte den Eindringling zum offenen Fenster. Der zitternde Jungbriefträger sah sich im Geiste schon mit zerbrochenen Knochen auf dem Kopfsteinpflaster des Gäßchens liegen. Aber Schwarzvater hatte anderes vor. Er ergriff den zugelaufenen Sohn an den Ohren, als wären es Henkel, und hielt ihn so zum Fenster hinaus. Durch das Wasser, das ihm der Schmerz in die Augen trieb, sah Martin Schwarzvaters Gesicht wie aus tiefem See.

Bis er endlich, nicht ohne Erleichterung, Boden unter den Füßen spürte. Doch da sah er Schwarzvaters Gesicht, das sich langsam vom Fenster zurückzog, noch immer in gleicher Höhe vor sich. Was war geschehen?

Nun, ich weiß nicht, wie es uns an Martins Stelle ergangen wäre. Doch ich könnte mir denken – lassen wir es auf eine Probe lieber nicht ankommen! –, daß es bei uns die Ohren gewesen wären, die nachgegeben hätten. Bei Martin war's der Hals ...

Martin mit dem langen Hals ist heute bei der Bundesbahn beschäftigt.
Es wird oft von ihm gesprochen.
Frau Goyer hebt bei Führungen den Deckel der Truhe und zeigt das Fläschlein mit dem feinen Maschinenöl, das Martin darin zurückgelassen hat (das rotkarierte Kissen wurde wieder an seinen angestammten Platz gebracht).
»Die Maus hat sieben Halswirbel«, behauptet die Lehrerin in der Schule. »Auch die Giraffe hat sieben Halswirbel. Alle Säugetiere haben sieben Halswirbel.«
»Aber Martin!« ruft Günther.
»Auch Martin hat nur sieben Halswirbel«, verkündet die Lehrerin.
»Wie putzt Martin sich eigentlich die Zähne?« will Christinchen wissen.
»Das«, spricht die Lehrerin, »ist jetzt nicht dran.«

Der Zahnstocher

Als ich einmal einen prächtigen Haufen Geld gewonnen hatte, und als ich in meinem prächtigen Schloß saß und bei hundert Kerzen auf silbernen Leuchtern einen halben Hirsch zu Abend gespeist hatte, und als mir danach mein Diener Jakob auf goldenem Tablett den Zahnstocher servierte, da . . .
Da sagte Jakob: »Graf Eustachius Hubert Hyazinth Edler von Fürsteneck auf Fürsteneck wünscht Ihnen den Zahnstocher persönlich zu überreichen.«
Der Graf, ganz echt und von ganz früher und schon ganz klein geworden – in Seidenwams und Pluderhose und Halskrause, eine Feder am Samtbarett –, schritt vom Tablett auf den Tisch, in der Hand den Zahnstocher, der ihn an Länge überragte. Doch kaum auf dem Tisch, was machte er mit dem Zahnstocher? Er warf ihn achtlos beiseite, verschränkte die Arme und fragte mich drei Dinge auf einmal: »Wie finden Sie mein Schloß, wie sind Sie dazugekommen, und soll ich pusten?«
»Bitte nicht«, antwortete ich, »das Schloß ist das tollste, zehn Autostunden im Umkreis, und dazugekommen bin ich durch zwölf Richtige im Toto.«
»Zwölf Richtige im Toto!« Der Graf schüttelte verächtlich sein Haupt mit der herrlichen Feder. »Wissen Sie, wie ich dazugekommen bin? Ich habe zwölf Männer erschlagen, darunter den rechtmäßigen Besitzer des Schlosses, seine beiden Brüder und seine drei bärenstarken Söhne, ich allein; mit dem Rest der Feinde sind meine Leute fertiggeworden. Einer gegen zwölf, so bin ich dazugekommen. – Soll ich pusten?«

»Nicht doch«, sagte ich. »Singen Sie lieber.«
»Wie Sie wünschen, junger Herr«, sagte der Graf, zupfte mit den Fingern eine unsichtbare Laute, verdrehte die Augen und sang zu einer unsichtbaren Schönen auf einem unsichtbaren Balkon hinauf. »Davon ist noch jede zerschmolzen«, berichtete er. »Singen und Raufen«, fuhr er fort, »in diesen beiden Dingen war ich groß. – Soll ich pusten?«
»Um Himmels willen, nein«, flehte ich. »Erzählen Sie lieber.«
»Ich wüßte nicht«, sagte er, »was ich Ihnen erzählen sollte. Dafür möchte ich Sie etwas fragen. Haben Sie schon hinter den Sandstein-Ritter mit der abgeschlagenen Nase geschaut? Sie wissen schon, das dritte Grabmal an der Kapellenwand links.«
»Nein«, sagte ich.
»Dann ist ja alles gut«, sagte er. »Dahinter habe ich nämlich meine Schätze eingemauert. Dieses ganze Zeug aus Gold und Silber und Edelsteinen, ich hatte mir da eine ziemliche Sammlung zugelegt. – Soll ich pusten?«
»In Teufels Namen«, rief ich, »so pusten Sie schon!«
Das spitzbärtige Gesicht über der weißen Halskrause machte einen runden Mund. Und dann ...
Dann fing auf einmal alles um mich herum zu galoppieren an; wie ein Spiegelbild in einem stillen Weiher, in den man einen Stein geworfen hat. Tja, und dann. Und dann merkte ich, wie es mit mir, Gott sei's geklagt, rasch abwärts ging.
Ein paar Sekunden saß ich auf gar nichts mehr. Und als ich wieder auf etwas saß, saß ich auf spitzen Steinen zwischen Brennnesseln.
Und als ich in meine Rocktasche griff, fühlte ich darin einen zerknüllten Zettel. Ich brauchte ihn nicht auseinanderzufalten. Es war der Totozettel mit den zwölf Richtigen, den ich vergessen hatte abzugeben, leider. Als ich ihn davonschmiß, blieb er neben einem Zahnstocher liegen.

Die Wendeltreppe

In einem Vorgarten, der gerade so groß war, daß ein Stuhl darauf Platz hatte, und daß ein Mann, der auf diesem Stuhl saß, die Beine ausstrecken konnte, stand ein Stuhl, und auf diesem Stuhl saß ein Mann und streckte die Beine aus.

»Oh«, sagte ich, über die kniehohe Buchseinfassung hinweg, »ein Mann, der Zeit hat!«

»Erraten«, murmelte der Mann, der sich mit geschlossenen Augen von Gottes Sonne bescheinen ließ.

»Seltsam«, bemerkte ich. »In dieser Straße gibt es viele Vorgärten, große und kleine, aber in keinem sitzt ein Mann. Wo, um alles in der Welt, mögen diese Männer stecken?«

»Diese«, lautete die Auskunft, »haben den falschen Beruf.«

»Ah!« sagte ich. Und nach einer kleinen Pause fragte ich: »Was aber, wenn ich neugierig sein darf, ist Ihr Beruf?«

Der Mann, der etwa vierzig sein mochte und bei ziemlicher Leibesfülle den Eindruck eines wohlerhaltenen Babies machte, deutete mit dem Daumen schräg über die Schulter auf ein Messingschild an der Haustür. Darauf stand: *Spezialist für Zehenabdrücke.*

»Aber«, sagte ich.

»Eben«, entgegnete er.

Pause.

»Fingerabdrücke!« fing ich wieder an. »Fingerabdrücke, ja, einverstanden! Aber Zehenabdrücke? – Welcher Verbrecher hinterläßt denn Zehenabdrücke auf Türklinken, Tresorgriffen? Da mögen Wochen, Monate vergehen, bis etwas anfällt.«

»Jahre, Jahrzehnte«, bestätigte er und hob langsam die trägen Augendeckel.

»Und dieser Beruf befriedigt Sie?« fragte ich.

»Es ist genau der Beruf«, sagte er, »den ich mir von Kind auf erträumt hatte«, und die Augen klappten wieder zu.

Nach einer Weile räusperte ich mich. Dann fragte ich: »Und was glauben Sie wohl, was ich für einer bin?«

Er sah mich aus trüben Augen gleichgültig an.

»Es ist ein ausgefallener Beruf«, erklärte ich. »Sie werden es nicht erraten. Kommen Sie mit, ich will Ihnen etwas zeigen.«

»Sie – mir?« Er schüttelte grinsend den Kopf.

»Ich – Ihnen.«

Nachdem ich ihn zwanzig Minuten bearbeitet hatte, fragte er: »Ist es weit?«

»Wo denken Sie hin.«

Nach einer weiteren halben Stunde rappelte er sich auf. Ich führte ihn zum Münsterturm.

Seine Augen traten aus den Höhlen. »Was haben Sie mit mir vor? Ich soll doch nicht etwa?« fragte er entsetzt. »Nein, nein, niemals«, wimmerte er, entrüstet wie einer, den man zu einem Richtblock führt, neben welchem der Henker mit erhobenem Beil steht.

Aber es half ihm alles nichts. »Es muß sein«, sagte ich unbarmherzig.

»Ich habe schon einmal auf diesen verfluchten Turm gemußt«, wehklagte er. »Als Junge mit der Schulklasse. Das werde ich diesem Lehrer nie verzeihen. Niemals, und wenn ich hundert werde. Es war so ein Dürrer.«

»Heute ist das etwas ganz anderes«, behauptete ich feierlich. »Ich garantiere Ihnen, Sie werden Ihr Leben lang . . .«, ich sagte nicht, was. Jedenfalls, und das rechne ich mir heute noch hoch an, ich brachte ihn dazu, daß er vor mir die Wendeltreppe hinaufstieg. Eine solche Wendeltreppe, bei der man nicht nach oben sieht, hat den Vorteil, daß man immer glaubt, man ist gleich am Ziel. Aber man ist es nie. Und wenn man endlich die Aussichtsplattform erreicht, ist man so erledigt wie nach einem

Fußmarsch rund um Paris, wenn man Lüttich, den Rheinfall bei Schaffhausen und Madrid in den Bogen miteinbezieht.

»Und diese verdammte Treppe«, zischte er, mich mit giftigen Blicken durchbohrend, »müssen wir jetzt erst wieder hinunter!« Ich brauchte ihn nur anzusehen, um zu wissen: Er wird mir sein Leben lang nicht verzeihen. Und noch als Hundertjähriger wird er voll Bitterkeit von mir erzählen. Nicht ohne hinzuzufügen: Und das war auch so ein Dürrer!

»Wir?« sagte ich sanft. »Nein. Es genügt völlig, wenn einer von uns beiden den steilen, weiten Weg zurückmacht.«

»Was heißt das? Wollen Sie hier oben übernachten?«

»Nicht doch. Aber ich werde meinen Weg gleich hier geradeaus durch die Luft nehmen.«

»Was Sie nicht sagen.«

»Es hängt mit meinem Beruf zusammen«, klärte ich ihn auf. »Ich bin ein Geist. Das wollte ich Ihnen bloß zeigen.«

»Sie sind ein ...?« Der ganze Mensch gewordene Pudding zitterte vor Wut. »So! Und nur, um mir das vorzuführen, mußten Sie mich auf den Mount Everest jagen?«

»Auch unsereins«, entgegnete ich, »gönnt sich ab und zu eine kleine Freude.« Und hob mich über die Brüstung und schwebte in die blaue Ferne.

Gottlieb zieht um

Wie man sich täuschen kann. Gerade von ihm hätten wir es am allerwenigsten erwartet.
Aber da stand er vor uns auf der Terrasse, von der Morgensonne mild vergoldet. Kurzleibig, pausbäckig, vollbärtig: Gottlieb, der Gartenzwerg mit der Pfeife. Und schleuderte uns dies ins verdutzte Gesicht: »Ich hau ab!«
Wenn Eberhard gekommen wäre – Eberhard, der jahraus, jahrein den Schubkarren schob – und gesagt hätte: Mir reicht's! Dann hätten wir das eher verstanden. Auch bei Fridolin, dem mit dem Spaten, hätten wir noch ein Einsehen haben können. Aber nun war es Gottlieb. Gottlieb, den man nie anders als Pfeife rauchend im Vorgarten stehen sah. Und von dem jeder, der des Weges kam, sagte: Wenn einer auf der Welt Grund hat, zufrieden zu sein, dann der!
»Das ist ja eine Überraschung auf nüchternen Magen!« stellte meine Frau fest. (Wir hatten eben mit dem Frühstück beginnen wollen, dem ersten Frühstück im Freien in diesem Jahr; es war ein so berauschend schöner Sonntagmorgen im April.)
»Wie bitte? Höre ich recht?« rief ich. »Aber Gottlieb, was ist denn auf einmal in dich gefahren? Gefällt es dir nicht mehr bei uns?«
»Du sagst es«, entgegnete der kurze Mann barsch.
»Gottlieb«, begann ich begütigend, »willst du es dir nicht doch noch mal durch den Kopf gehen lassen? Mann, schau dich doch um hier, ist es nicht herrlich bei uns? Eben haben wir, meine Frau und ich, zueinander gesagt: Wir leben doch wahrhaftig

wie im Paradies. Wenn man bedenkt, wie so viele andere wohnen! Die Apfelbäume blühen, die Tulpen, die Kaiserkronen. Und die Narzissen, wie die sich in den letzten Jahren vermehrt haben, es müssen Hunderte sein.«

»Und die Gänseblümchen nicht zu vergessen, wie die sich vermehrt haben, es müssen Millionen sein!« echote es grimmig aus Gottliebs Bartwald.

»Nanu!« riefen wir erstaunt. »Was haben dir die Gänseblümchen getan?«

»Eure Apfelbäume könnt ihr euch an den Hut stecken«, donnerte Gottlieb, der Kurze: »Die Narzissen dürft ihr meinetwegen in die Suppe hauen, und was die Gänseblümchen betrifft, so wollen wir lieber schweigen.«

»Aber, aber«, rief meine Frau entsetzt. »Gottlieb, was ist das plötzlich für ein Ton? So kennen wir dich noch gar nicht.«

Da musterte uns Gottlieb stumm, die Kulleraugen randvoll von Verachtung. Und dann erhob er seine Stimme und sprach: »Wißt ihr, was ihr seid? Spießer seid ihr. Ganz gewöhnliche, dahergelaufene, billige Spießer. Das seid ihr nämlich. Mit euch bin ich fertig. Fertig! Ihr seid keine Umgebung für mich. Ich geh.«

»Tu, was du nicht lassen kannst«, entschied ich. »Wir bedauern, dich verlieren zu müssen, doch wenn wir dir nicht mehr gut genug sind, bitte ...«

Aber nun legten sich die Kinder ins Mittel. »Bleib doch bei uns«, flehte Irmgard, die Siebenjährige. »Bitte, bitte! Ich mach dir auch eine schöne Löwenzahnkette!«

Und Klaus (8) versuchte es auf die energische Tour: »Von wegen Abhauen und so. Kommt überhaupt nicht in die Tüte! Du bleibst da, verstanden! Und übrigens gehörst du immer noch mir!«

Es gibt nichts Imponierenderes als einen kleinen Dicken in flammendem Zorn. Gottlieb, mit Bäcklein rot wie Tomaten, die Pfeife in bebender Faust hocherhoben, brüllte: »Despot! Imperialist! – Nieder mit der Knechtschaft! Freiheit für alle!«

An dieser Stelle soll kurz erwähnt werden, wie wir zu den drei

Gartenzwergen kamen. Es war eine mysteriöse Geschichte. Das heißt, bei Licht betrachtet, war die Sache so mysteriös auch wieder nicht. Eines Morgens standen Gottlieb mit der Pfeife, Eberhard (der mit dem Schubkarren) und Fridolin (der mit dem Spaten) unversehens in unserem Garten. Das war vor drei Jahren, gerade an Klausens Geburtstag. Klaus hatte zuvor wiederholt seine Sehnsucht nach Gartenzwergen geäußert, auch in Gegenwart von Onkel Rudi (dem Bruder meiner Frau). Und Onkel Rudi – der bis heute alles mit scheinheiliger Miene ableugnet – war es gewesen, ganz ohne Zweifel! Er war spätabends oder in aller Frühe die zehn Kilometer hergefahren und hatte das Trio in unseren Garten praktiziert (Onkel Rudi macht gern solche Späße).

Meine Frau und ich hatten, dies sei eingestanden, bisher nie viel von Gartenzwergen gehalten (zum mindesten nicht von solchen im eigenen Garten), und wir hatten vorgehabt, unsere Kinder, wenn einschlägige Wünsche laut würden, mit anderem zu trösten. Aber nachdem die drei einmal bei uns waren, hatten wir sie, Hand aufs Herz, stets liebevoll und aufmerksam behandelt; sie hätten es kaum irgendwo besser treffen können. Erst vor drei Wochen, ehe ich sie nach der Überwinterung wieder aus dem Keller holte, hatte ich Gottlieb – ja, gerade Gottlieb! – frisch lackiert. Und nun kam er an und machte dieses Theater.
»Schon gut, schon gut«, sagte ich. »Wir denken nicht im Traum daran, dich mit Gewalt zurückzuhalten, wenn du dich entschlossen hast, zu gehen. Aber zuvor könntest du uns doch wenigstens noch verraten, was dir hier mißfällt. Was stört dich eigentlich so bei uns?«
»Alles.«
»Alles?«
»Sagt mal, in welcher Zeit lebt ihr eigentlich?«
»In der Gegenwart.«
»In der Gegenwart, jawohl, so seht ihr auch aus. Genauso seht ihr aus. – Mein Platz ist in der Zukunft.«
»So? Und wo denkst du diese Zukunft zu finden? Flieg auf den Mond, dort findest du auch nichts anderes als die gute, alte, herrliche Gegenwart.«
»Aber, ihr Lieben, wozu auf den Mond fliegen?« sagte Gottlieb, der Gartenzwerg. »Vielleicht wohnt die Zukunft näher als ihr denkt. – Ihr kurzsichtigen Kohlköpfe seht nicht, was vor eurer Nase liegt. Schaut mal dorthin.« Er wies mit der Pfeife den Hang hinauf, und wir kurzsichtigen Kohlköpfe schickten unsere Blicke in diese Richtung.
»Aber«, riefen wir verdutzt. »Du meinst doch nicht ...? Du hast doch nicht etwa vor, zu Schneidingers ...?«
»Genau!« rief Gottlieb mit der harten Stimme eines Mannes, dessen Entschluß gefaßt ist.
In dem riesigen Grundstück über uns kleckerte nicht, sondern klotzte das »Stadtgespräch«, wie es in aller Munde hieß: das

erst vor drei Wochen bezogene Fünf-Millionen-Haus Dr. Schneidingers, das modernste, teuerste Haus der Stadt. Gebaut hatte es kein anderer als Camillo Kees. Camillo Kees, der in aller Welt berühmte Architekt, der, wie man weiß, nur zukunftsträchtige Modelle errichtet, und von dem übrigens auch unser als zukunftsweisend hochgelobtes Stadttheater stammt (jener Palast aus Glas und Beton, in dem sich die Schauspieler heiser schreien, damit sie in der dritten Reihe verstanden werden).

»Hm« sagten wir. »Wenn das so ist. Tja. Dann ... Da müssen wir uns allerdings geschlagen geben. Mit Schneidingers können wir es freilich nicht aufnehmen.«

»Vernünftig von euch, das einzusehen«, bemerkte Gottlieb. »Wißt ihr, was ihr seid? Nullen.«

»Wenn du wenigstens gesagt hättest: halbe Portionen.«

»Nullen.«

»Dr. Schneidinger hat um einiges mehr Geld«, stellten wir nicht ohne Bitterkeit fest. »Zugegeben. Aber er nimmt's von den Lebendigen.« (Dr. Schneidinger ist Chef der Klinik; eine bestimmte, von ihm unterzeichnete Rechnung wird uns ewig in Erinnerung bleiben.)

»Was mich betrifft«, erklärte Gottlieb, »ich finde Geld nicht unsympathisch. Im übrigen habe ich nicht vor, mich noch lange bei Leuten von eurem Niveau aufzuhalten. Nur kurz noch ein kleiner Denkanstoß. Schneidingers haben Geld, wie euch, bei all eurer Beschränktheit, nicht entgangen ist. Schneidingers können sich alles leisten. Aber Gänseblümchen leisten sie sich nicht. Auch nichts von diesem übrigen Unkraut, das sich bei euch so herrlich ausbreitet. Komisch, was?«

»Die Gänseblümchen im Rasen werden bei denen da oben systematisch mit Chemie ausgerottet«, bemerkten wir. »Und was die Blumen betrifft, die du mit dem Unkraut zu meinen scheinst, so sind wir ehrlich genug einzugestehen, daß wir uns daran freuen.«

»Wie Lieschen Müller«, war die Antwort. »Und jetzt sagt nur noch, ihr haltet euch für moderne, aufgeschlossene Menschen. Dann sage ich: Ich lache.«

»Ich habe erst vorgestern mit Frau Schneidinger am Zaun gesprochen«, wußte meine Frau zu berichten. »Sie hätte so gern auch Schneeglöckchen und Krokusse und Tulpen und Narzissen gepflanzt, aber dieser berühmte Gartenarchitekt, den sie haben, hat es ihr verboten.«

»Vielleicht haben Schneidingers nicht viel mehr Geschmack als ihr«, sagte Gottlieb nachsichtig. »Aber Geschmack kann man kaufen. Denkt an meine Worte, falls ihr zufällig auch mal zu was kommt.«

Das war das letzte, was wir von ihm hörten, bei diesem Abschied für immer.

Als Gottlieb an Eberhard (dem mit dem Schubkarren) und Fridolin (dem mit dem Spaten) vorüberschritt, rief er ihnen etwas zu. Doch die beiden Treuen schüttelten nur den Kopf.

Oben, bei Dr. Schneidinger, schliefen sie noch. Und ahnten nicht, was auf kurzen Beinen zu ihnen marschierte. Bald werden sie aus dem glasumkleideten Innenraum auf die Veranda treten, um auf unsereins herabzusehen; und dann wird die Welt für sie plötzlich nicht mehr sein, was sie soeben noch war. Denn was gilt unter Kennern ein Haus – und sei es ein Meisterwerk Camillo Kees' – vor dem ein Gartenzwerg Pfeife raucht? So dachte ich still bei mir, während ich versonnen im Kaffee rührte.

»Die armen Reichen«, sagte meine Frau. Ihre Gedanken waren den gleichen Weg gewandert.

Ein Vierteljahr ist verstrichen. Es kam, wie es vorauszusehen war. – Dr. Schneidinger ist ausgezogen. Das Fünf-Millionen-Projekt, erst für vier, dann für drei Millionen ausgeschrieben, steht für zweikommafünf zum Verkauf. Hin und wieder hält ein dicker PKW. Man steigt aus, sieht Gottlieb zwischen japanischem Zwerggesträuch stehen, und steigt wieder ein.

Der Wanderer am Montagvormittag

Es geschah an einem Montagvormittag. Zu einer Zeit also, da jedermann sich quälte, nach den Abschweifungen des langen Wochenendes wieder Geschmack an der Arbeit zu finden. An diesem Montagvormittag schritt durch die Büros der Kugellagerfabrik Pflink & Co. ein sehr blasser Mann.

Dieser Mann kam aus der Wand. Er trug eine Tracht – wollenes Unterkleid, mit Spange zusammengehaltener Leinenmantel – wie sie unter den Vornehmen der Völkerwanderungszeit Mode gewesen sein mochte. In seinem Rücken steckte, tief eingeschlagen, eine Streitaxt aus Bronze.

Wo er erschien, brach das Geprassel der Schreibmaschinen jäh ab. Geschäftliche Gespräche stockten. Erstaunte Blicke verfolgten den blassen Wanderer, der, von Osten kommend, mit gehaltenen Schritten den Raum durchmaß und in der westlichen Wand verschwand, um im benachbarten Büro zu erscheinen.

Im letzten Raum des ebenerdigen Bürotrakts saß der Prokurist Dr. Graps an einem mächtig ausladenden Schreibtisch aus edlen Hölzern wie an einem Altar. Seine Heilige Schrift waren Akten, seine Lob- und Bittgebete, oder was immer es war, vertraute er einem Diktaphon an.

Plötzlich hörte er die Sekretärin im Vorzimmer »Hu!« rufen. Das rief Fräulein Wimmer sonst nie. »Nanu!« knurrte Dr. Graps, doch er fügte gleich hinzu: »Das Nanu natürlich nicht in das Schreiben an ...«

Da trat der sehr blasse Mann aus der Wand, die Grapsens Allerheiligstes vom Vorzimmer trennte.

Als wäre eine innere Feder losgelassen, schoß Grapsens Kopf empor. Denn das ging nun allerdings zu weit. Wenn etwas unter gar keinen Umständen einreißen durfte, dann dies, daß irgendwelche Leute unangemeldet den Raum betraten. Hinzu kam, daß es sich hier ganz offensichtlich um eine Person handelte, die einer vergangenen Epoche angehörte und die in dieser unserer Zeit fehl am Platze war. Welche, weiß der Himmel, genug mit sich selbst zu tun hat.

So konnte Herr Dr. Graps nicht umhin, den Vorüberschreitenden strafend anzusehen und ihm durch energisches Kopfschütteln zu bedeuten: Nein, mein Herr, wie können Sie nur? Wozu der andere sanft nickte: Aber ja, Sie sehen doch.

Nach dieser stummen Zwiesprache war der Mann aus verschollener Zeit schon dabei, durch die westliche Hausmauer das Gebäude zu verlassen, als er jäh zurückgeschrien wurde: »Hallo! He, Sie da! Moment mal!« Der letzte Wanderer der großen Wanderzeit kehrte gehorsam um.

Dr. Graps besaß eins, und darauf war er stolz: einen untrüglichen Sinn für Geldanlage. Und die Streitaxt im Rücken des vor Zeiten Erschlagenen war, das sah er klar, ein Vermögen wert. Sie war ganz aus Bronze gefertigt, und an dem mit märchenhaften Ornamenten geschmückten Griff glühten, von Goldfäden gehalten, braunrote Almandine. Ein erlesenes Mordinstrument fürwahr, wie es ein Alemannen- oder Langobardenfürst geführt haben mochte, um einen ebenbürtigen Gegner aus einem fremden Stamm zu erlegen. Ein Museumsstück von unschätzbarem Wert.

»Äh«, sagte Herr Graps, »was ich sagen wollte, das Ding da, was Sie da hinten haben, können Sie mir dalassen. Sie kriegen dafür ein neues.« – Er dachte an das Metallwarengeschäft um zwei Ecken; von dort wollte er sich schnell etwas Geeignetes kommen lassen, ein Schlachterbeil etwa, das billigste natürlich, und dies dem andern für die kostbare Waffe andrehen.

Der Held aus dem vergangenen Jahrtausend hielt dem Herrn Geschäftsführer höflich den Rücken hin. Die Axt schien ziemlich fest zu stecken, und Dr. Graps packte kräftig zu. Im nächsten Augenblick erscholl ein Gebrüll, das bis Halle 3 der Fabrikanlagen zu hören war. Von weither stürzten die Arbeiter und Angestellten herbei. Man fand den Prokuristen allein im Raum; heulend umtanzte er seinen Schreibtisch, die Hände weit von sich gestreckt, als wolle er den höllischen Schmerz weit, weit von sich weghalten. Dr. Graps wurde eiligst in ein Krankenhaus geschafft; noch nach acht Wochen trug er beide Hände in dicken weißen Binden.

Der sehr blasse Mann wurde übrigens an jenem Montagvormittag noch an verschiedenen Stellen in der Stadt gesehen. Zuletzt zeigte er sich in einer Schulklasse. Dort wurde er von den Kindern sogleich in ein Riesengespräch verwickelt. Wie das alles so war, damals zu seiner Zeit, wollte man wissen. Und dann mußte er natürlich lang und breit über die Schlacht erzählen. Wann das war, und wo das war, und wer gegen wen, und wie das angefangen hatte. Und einer, ein gewisser Thomas, fragte, ob das unbedingt hatte sein müssen, dieses ganze Gerangel damals.

Der Herr mit der Peitsche

Jochen Fetser, Herr über 120 PS, gehört zu jenen (hunderttausend) perfekten, allen Situationen gewachsenen Autofahrern, die sich noch nie den Schädel eingerannt haben. Und denen deshalb auch in Zukunft nichts passieren kann.
Im Augenblick jagt er – unentwegt auf der linken Spur – über die Autobahn nach Hause. Es ist ein grauer Samstagnachmittag Anfang Dezember. Gelegentlich auftretende Nebelbänke können einem Champion der Straße vom Range eines Jochen Fetser nicht imponieren; der Tachometerzeiger harrt gelassen in stolzer Höhe aus.
Herr Fetser, 32, bereist als Textilvertreter den Raum Heilbronn–Ulm–Bodensee. Nicht, als ob die Schwaben in Tübingen, Tuttlingen, Stuttgart und auf der Rauhen Alb ohne ihn nackt laufen müßten. Es sind noch andere Vertreter seiner Branche auf Achse, durchweg junge, dynamische, kontaktfreudige Persönlichkeiten gleich ihm. Aber das ist es ja: Man muß sich dranhalten. Immer eine Kühlerlänge voraus, das ist Jochen Fetsers Devise.
Wieder ist eine Woche mit Erfolg geschafft. Herr Fetser hat jetzt noch knapp neunzig Kilometer nach Hause. Er könnte sich auf dieser Heimfahrt ruhigen Gewissens Zeit lassen, aber andere auf die Plätze verweisen, Sieg auf Sieg häufen, das ist Leben. Zeigen, daß mit einem gerechnet werden muß.
Triumphal schiebt sich Fetsers Mercedes an einem auch nicht langsamen ockergelben Porsche vorbei. Aber dann: die Katastrophe!

Ein lächerlicher kleiner Renault, der mit hundert einen schweren LKW überholt, blockiert die linke Spur. Idiot! Scheißkerl!
Herr Fetser – im Umgang mit Kunden die erlesenste, herzgewinnendste Höflichkeit selbst – tut sich im Auto, ob allein (wir hören es jetzt), ob in Gesellschaft keinen Zwang an. Ja, seltsam, aber so ist es: Gerade im Auto, diesem Gehäuse aus Blech, Glas und Fortschritt, erwacht plötzlich der Urmensch wieder in uns. (Falls unsere Altvordern wirklich solche Rowdys waren; ich bin mir da, unter uns gesagt, nicht so ganz sicher.) – Ehe ich einem Pfarrer eine Predigt abkaufe, so pflegt ein guter Freund von mir zu sagen, möchte ich erst mal bei ihm im Auto Mäuschen gespielt haben. Doch, Gott im Himmel, wo sind wir da hingeraten! Kehren wir eilig zu Herrn Fetser zurück. Mittlerweile wird er sich ja wohl abreagiert haben.
O weia! O weh! Was wir jetzt erst zu hören kriegen! Denn in der Zwischenzeit hat unser Freund eine bemerkenswerte Feststellung gemacht. Im Renault sitzt eine Frau am Steuer. Natürlich. Eine junge Frau; auf dem Rücksitz hinter ihr begackern sich zwei kleine Mädchen.
Was unser Straßenmatador jetzt in seiner noblen Kabine von sich gibt – nein, wir sind nicht zimperlich, aber legen wir eine Minute des Schweigens ein.
So. Der Überholvorgang ist beendet. Herr Fetser hat nach dem LKW den Renault überholt. Mit einem letzten: »Und so was treibt sich auf der Autobahn rum!« verabschiedet er sich von diesem. Im Rückspiegel sieht er den ockergelben Porsche sich dicht auf den Fersen. Fetser bleibt auf der linken Spur und tritt das Gaspedal durch, um einen blauen Volvo zu überrunden, der knapp zweihundert Meter weiter im heranwallenden Nebel auszumachen ist. Da merkt er plötzlich, daß er sich nicht allein im Wagen befindet.
Etwas Häßlichweißes hatte sich ungestüm im Innenspiegel bewegt; es mußte kurz hinter seinem Nacken sein. Eine Kopfdrehung gibt volle Gewißheit.
Es fährt einer mit. Er. Er selbst, die Kiefern in lautlosem

D
M-BT 231

Jauchzen weit aufgerissen, die Knochenfaust schwingend, als ließe sie pausenlos, zu rasender Fahrt treibend, eine Peitsche auf den Rücken des Fahrers niederklatschen: der Tod.

Jochen Fetser krallt die zitternden Hände ums Lenkrad. Sein Wagen verfehlt, rechts ausscherend, haarscharf die hintere Stoßstange des Volvo, ein Begrenzungspfahl zersplittert, ein zweiter, dann kommt das Fahrzeug zum Stehen, die rechte Seite auf der abfallenden Böschung. Das Skelett ist noch da, erstarrt in einer Gebärde maßloser, enttäuschter Wut. Der Mann reißt die Tür auf, springt hinaus. Sechs, acht Schritte weiter wagt er zurückzuschauen. Keiner folgt ihm, der Wagen ist leer.

Fetser wankt die Böschung hinab; seine Zähne schlagen aufeinander. Unten kauert er sich nieder und preßt die Hände vors Gesicht. Langsam gelingt es ihm, seinen Atem wieder unter Kontrolle zu bringen.

Als er, durch Stimmen aufmerksam gemacht, zur Fahrbahn hinaufblickt, sieht er, daß dort oben der Verkehr zum Erliegen gekommen ist. Im Nebel stauen sich die Fahrzeuge. Nein, das hat nichts mit ihm zu tun. Keiner kümmert sich um seinen Wagen, der dort, allen aus dem Weg, am Rand des Fahrdamms steht. Doch da sind Leute, die fragend zu ihm herabschauen.

So erhebt er sich, steigt die Böschung hinauf und schließt sich einer Gruppe an, die, milchigen Schwaden entgegen, nach vorn wandert.

Bis sie dorthin gelangt sind, wo hinter einem quer über der Bahn stehenden Tankzug etliche häßlich verknitterte Autos ineinanderverkeilt liegen. Das blaue dort war noch vor wenigen Minuten ein schöner Volvo, das ockergelbe dahinter ein stolzer Porsche. Und dazwischen, denkt Fetser, wäre mein Platz.

Er hat genug gesehen. Auf dem Rückweg kommt er an einem kleinen Renault vorbei. Die Fahrerin hat sich auf den Rücksitz gesetzt, zwischen ihre beiden Kinder, um die sie die Arme legt und mit denen sie spricht.

Als Jochen Fetser vorübergeht, sieht sie her. Da nickt er ihr freundlich zu. O ja, er kann auch freundlich sein. Jochen Fetser.

Meine Wespe, deine Wespe

Er zeigte ein scharf profiliertes Gesicht, er trug einen hellen Sommeranzug, er hatte einen auffallend großen Strohhut auf dem Schädel. Und er saß – der einzige Gast außer uns – am übernächsten Tischlein. Lassen wir ihn vorläufig dort sitzen.

Was mich und meine Familie betrifft, so waren wir im Augenblick vollauf damit beschäftigt, die Wespen zu überwachen, die sich, mindestens zwanzig, vielleicht dreißig, lebhaft für uns und unsere Getränke interessierten.

Man möchte so gern gut zu allen Wesen sein. Aber manche machen es einem besonders schwer. Zu ihnen gehören die Wespen. Diese temperamentvollen Hautflüger wirken auf mich immer wie mit Feuer geladen.

Man soll nicht wild danach schlagen. Das sagten wir den Kindern. Und wir befahlen ihnen auch, beim Trinken ja vorsichtig zu sein. Denn Wespen, mitgetrunken – aber Ihnen brauche ich das ja nicht zu erklären, Sie wissen Bescheid.

Ein interessanter Typ, ganz ohne Zweifel, der Herr nebenan. Man mußte doch hin und wieder durch die schwarzgelbe Wolke einen Blick zu ihm hinüberschicken. Er hatte so etwas Aufregendes, wie soll man sagen, auf die Barrikaden Treibendes an sich. Was behagte uns eigentlich nicht an ihm? Hatten wir jemand anders erwartet, hier in dem freundlichen kleinen Küstenort an der Adria? Hier, in Duino? Zum Kuckuck, wo befanden wir uns denn? Hundert Schritte seitab vom Schloß, in dem schattigen Garten einer schlichten Trattoria. Hier ist ein Ort der Rast für jedermann. Für Menschen wie ich und du.

Da mußte uns auch der Herr dort recht sein. War auch sein Kinn etwas kühn, die Nase etwas kriegerisch, der Mund frech genüßlich und der Strohhut zwei Nummern zu groß ...
Eine wilde Wespe umkreiste in engen, irren Bahnen meinen Kopf. Ach, es könnte das Paradies sein, hier auf Erden. Aber immer ist irgend etwas. Wie friedlich hätte es sein können, hier unter dem Rebendach. Aber da waren diese Wespen. Und was die soeben erwähnte betrifft, so schien sie allen Ernstes gesonnen, auf meinem Gesicht eine Bombe zu landen. Wohl wahnsinnig geworden, was? Ich faßte die Unholdin scharf ins Auge und gab ihr, meine flache Hand als Tennisschläger benützend, eins kräftig hinten drauf, so daß sie weit aus der Bahn schoß.
»Papa, du hast aber gesagt ...«
So sprach das eine Kind, doch das andere hauchte, die Augen vor Schreck und Staunen weit aufgerissen: »Der frißt sie!«
Wie? Was? Ich hatte allerdings (ohne Absicht, kann ich versichern) die Wespe in die Gegend unseres Nachbarn befördert. Und dieser hatte ...? Wir andern hatten das nicht so recht mitgekriegt. Sie werden verstehen, daß wir von nun an kein Auge mehr von dem Herrn dort nebenan ließen. Und das Schauspiel, das sich uns bot, war in der Tat des Ansehens wert. Immer wieder einmal schnappte der Mann kurz und zielsicher nach einer Wespe.
Was mich betrifft, so habe ich es Zeit meines Lebens nie versucht (nach Wespen zu schnappen), und auch Sie haben, so vermute ich, wenig Erfahrung auf diesem Gebiet der niederen Jagd. Dennoch dürfen wir wohl davon ausgehen, daß es keineswegs leicht ist, auf solche Art Beute zu machen. Unser Nachbar aber – dem man auch sonst allerlei Talent zutrauen mochte – bewies ein erstaunliches Geschick. Nur ganz selten einmal tat er einen Fehlschnapp (drücke ich mich richtig aus?). Seltsam übrigens, wie fest und sicher der doch offensichtlich viel zu große Strohhut auch bei blitzschnellem Zustoßen des Kopfes auf dem krausen Schwarzhaar sitzenblieb ...
Wir waren fasziniert. Und wenn wir heute auf unsere Ferienreise zurückblicken, müssen wir sagen, daß uns kein anderes

Erlebnis einen so nachhaltigen Eindruck hinterlassen hat: weder der mit dem Röhren eines Urviehs aus dem Hafen von Triest auslaufende »Cristoforo Colombo« noch die kilometerlangen märchenhaften Tropfsteingrotten von Postojna, nicht die mucksmäuschenstillen Mumien in ihren Glaskästen in der Rotonda von Venzone noch jene lautstarke Auseinandersetzung auf offener Straße, die darin gipfelte, daß der eine der beiden Streithähne eine große grüne (innen rosafarbene) Wassermelone auf der Glatze seines Gegner zerschmetterte.
Da immer wieder einmal ein Insekt aus unserer Schar in das Revier des Wespenverzehrers hinüberwechselte, konnten wir diesem, wie die Dinge lagen, nur dankbar sein. Im übrigen verfolgten wir das Tun unseres Wohltäters mit dem ungläubigen, ehrfurchtsvollen Staunen, mit dem man einem Feuerschlucker zusieht. Unser Respekt wuchs, je mehr sich die brodelnde Wolke um uns lichtete.
Da machten wir plötzlich eine höchst aufschlußreiche Beobachtung. Zu diesem Zeitpunkt war die Zahl der Wespen bereits auf zwei zusammengeschrumpft; eine befand sich noch bei uns am Tisch, die andere bei ihm. Nun zeigt die seine – atemlos verfolgten wir den Vorgang – unversehens Lust, in die Ferne zu entweichen. Doch was tut unser Freund? Geistesgegenwärtig reißt er sich den Strohhut vom Kopf und fächelt sich mit weitausholender, genau berechneter Bewegung die Ausreißerin zu, geradewegs in den Mund. Dann setzte er sich den Hut wieder auf. Aber da hatten wir es schon gesehen.
Der Kerl trug Hörner. Hörner!
Unnötig zu sagen, daß diese Entdeckung einen jähen Umschwung unserer Gefühle bewirkte.
Wie ich bereits erwähnte, waren wir in diesem Augenblick selbst noch im Besitz einer Wespe. Wo trieb sie sich herum? Ah, da war sie ja noch! Sie saß in der leeren Kaffeetasse meiner Frau. Geschwind deckten wir die Untertasse darüber.
Um klar zu sein: Jedem andern hätten wir die Wespe gegönnt. Jedem. Aber nicht ihm. Er sollte sie nicht haben. Nicht er! Da mochte er noch so böse schauen.

Gesang zur Nacht

Er wirkte so – hungrig? – durstig? Ach Gott, hungrig und durstig ist auch ein anderer mal. Gierig. Ausgelaugt, zerfressen von ungestillter Gier, das trifft wohl eher zu.

Ich hatte ihn von Anfang an nicht gemocht. Ich wünschte ihn zum Teufel, sooft ich ihn sah. Doch wir begegneten ihm täglich wieder in dem kleinen Nordseebad, in dem wir den August verbrachten. Mich ekelte vor seiner fahlen Haut und seinen saftroten Lefzen, mir graute vor seinem verfilzten Bart, mich empörte sein schleichender Gang, mich entsetzte das eiskalt Lauernde seines ganzen Wesens. Mir gefiel nichts an diesem finsteren Gesellen, am allerwenigsten die Art, wie er sich nachdenklich die nadelspitzen, dolchartigen Eckzähne leckte, wenn sich im Vorbeigehen seine schmutzigen Augen an Tante Lu festsogen.

»Wie er mich wieder angesehen hat!« triumphierte Tante Lu an jenem Abend auf der Kurpromenade, als er leichenfahler, von Gier zerfressener aussah denn je (und sich eifriger denn je die spitzen Eckzähne leckte).

Tante Lu schwärmte für Abenteuer. Und das Abenteuer schwärmte für sie. Hätte während der acht Jahre, die sie bei uns lebte, ein faustgroßer Meteorit die Absicht gehabt, über Mitteleuropa niederzugehen, so hätte er einen Augenblick abgepaßt, wo wir auf der Terrasse saßen, um in Tante Lus volle Teetasse zu fallen. Mit Tante Lu erlebten wir pausenlos irgend etwas.

Aber wir wollten nichts erleben. Wir waren müde, von Arbeit

erschöpft, von Ärger kaputt, hin. Was wir ersehnten, was wir brauchten wie das tägliche Brot, war Ruhe. Ruhe! Nun waren wir in dieses kleine Seebad gezogen, um hier einige stille Urlaubstage zu verbringen. Stille Tage mit Tante Lu?

Tante Lu war so alt wie unsere gesamte sechsköpfige Familie zusammen, wenn man den (zu Hause von Nachbarn versorgten) Kater noch dazurechnete. Sie war auf dem linken Auge blind. Sie war auf dem rechten Ohr taub (und hörte mit dem linken nur, was sie nicht sollte). Und war bei alledem aktiver als wir andern alle miteinander.

Das Letzte, was uns vor unserer Abreise in Atem gehalten hatte, war die Beschaffung eines Hörapparats für Tante Lu gewesen. In dem einschlägigen Geschäft hatte man von einem Apparat gemunkelt, der noch teurer und noch moderner sein sollte als alles, was man auf Lager hatte. Wir ließen ihn kommen. Seinetwegen, da sich die Lieferung verzögerte, hatten wir die Abreise verschoben und zwei kostbare Urlaubstage geopfert. Nun hatten wir ihn dabei, und irgend etwas stimmte nicht mit dem verdammten Ding.

»Affen!« jubelte Tante Lu. »Affen! Ich kann Affen hören! Eine ganze Horde!«

Quatsch.

Es war an jenem denkwürdigen Abend, etwa anderthalb Stunden nach der erwähnten Begegnung mit jenem suspekten Herrn. Wir hatten einen stillen Park aufgesucht, saßen dort in der Abenddämmerung auf einer Bank und testeten zum achtundachtzigsten Mal Tante Lus Hörapparat.

»Affen leben in Afrika«, stöhnte meine Frau.

»Auch auf Gibraltar sollen sich schon welche herumtreiben«, knurrte ich.

Wir ließen uns den Apparat geben. Nanu! Wir hörten es auch. Ein hundertstimmiges Kreischen und Pfeifen.

Affen? Und wenn nicht Affen, was dann? Also wohl doch Affen? Affen.

Fazit: Der Apparat war auf die falsche Entfernung eingestellt.

Als wir Tante Lu unsere Erkenntnis mitteilten, war sie hell

begeistert. Die Vorstellung, Dinge, die in Afrika vor sich gingen, mithören zu können, entzückte sie. Was uns, meine Frau und mich, betrifft, so konnten wir ihre Freude nicht teilen. Wir hatten Tante Lu das sündteure Ding nicht deshalb gekauft, damit sie die Affen in Afrika lärmen hörte, sondern damit wir nicht mehr so brüllen mußten, wenn wir mit ihr sprachen, und damit sie selbst nicht mehr so schrie (Schwerhörige halten immer die andern für taub).

Affen? Wieder machte das Teufelsding die Runde. Wieder war es bei mir. Da riß ich es mir plötzlich wie eine giftige Natter aus dem Ohr. Ein plärrendes Geschrill hatte sich jäh zu trommelfellzerfetzendem Gellen gesteigert – genau in dem Augenblick, als ein großer Nachtfalter an uns vorüberschoß.

Das also war des Rätsels Lösung. Der Apparat war nicht auf die falsche Entfernung eingestellt, sondern auf die falsche Frequenz.

Nein, liebe Tante, in jenen schwindelnden Höhen des Ultraschalls, in denen Eulenfalter und Fledermäuse zu Hause sein mögen, hat unsereins nichts verloren.

»Ihr habt den Apparat gekauft!« maulte Tante Lu böse.

Was tut ein Mann in solch verzweifelter Situation? Er schreitet zur Tat. Er öffnet, die Spitze seines Taschenmessers in die winzigen Schlitze winziger Schräublein bohrend, den Deckel des Hörapparats, bewegt, wieder mit Hilfe seiner Waffe, hier ein Rädchen, horcht, schiebt dort ein Hebelchen, horcht, verrückt dort ein Kontaktchen. Dies alles geschieht im Zwielicht und also unter schwierigsten Umständen. Nach der mit äußerster Konzentration erfolgten Operation schraubt er den Deckel – winziges Schräubchen um winziges Schräubchen – sorgsam wieder fest. Und eröffnet seinen unwiderruflichen Entschluß, das Mistzeug in die Büsche zu schmeißen.

Tante Lu sprang auf und riß das Ding an sich.

Dann saßen wir in finsterem Schweigen.

Der Tag versprach nichts Gutes mehr zu bringen.

Nach einigen Minuten erhob ich mich. »Na, dann wollen wir ...«

Tante Lu zischte, Stille befehlend. In ihren Apparat schien sich etwas zu tun. Sie saß mit verklärter Miene und hörte die Engel singen.

Doch es waren, wie sich bald herausstellte, keineswegs die Engel.

Dicht um Tante Lus linkes Ohr geschart, konnten wir mithören, was das Gerät von sich gab. Eine unangenehme, brutale Männerstimme sang:

»In dieser Nacht
wird's gemacht.
Du voll Glut,
du voll Abenteuermut,
heute nacht
trink ich dein Blut.
Dein Blut ist gut,
dein Blut ist Bier,
warte, warte, ich starte,
warte, bald bin ich bei dir.«

»Widerlich«, bemerkte meine Frau.

»Geschmacklos«, urteilte ich.

»Er meint mich«, freute sich Tante Lu.

»Daß du immer alles auf dich beziehen mußt«, stellten wir fest.

»Das ist er!» frohlockte Tante Lu.

»Er? Er? Wer: Er?«

»Der – Vampir!«

»Vamp...? Wie? Was? Welcher Vampir denn?« taten wir ahnungslos. »Tante Lu, du liest zuviel Gruselgeschichten. Das ist doch bloß... Das ist weiter gar nichts, als... Tante Lu, jetzt hör mal gut zu. Das ist – eine Mücke. Jawohl. Eine Mücke. Überleg doch mal. Mücken trinken Blut... Übrigens, wir haben uns doch vorhin erst gewundert, wo heute abend die ganzen Mücken geblieben sind. Sie starten heute später als sonst, das ist es, und eine, die's nicht erwarten kann, trällert so vor sich hin...«

»Meint ihr? Wirklich?« fragte Tante Lu unsicher. Dann fiel

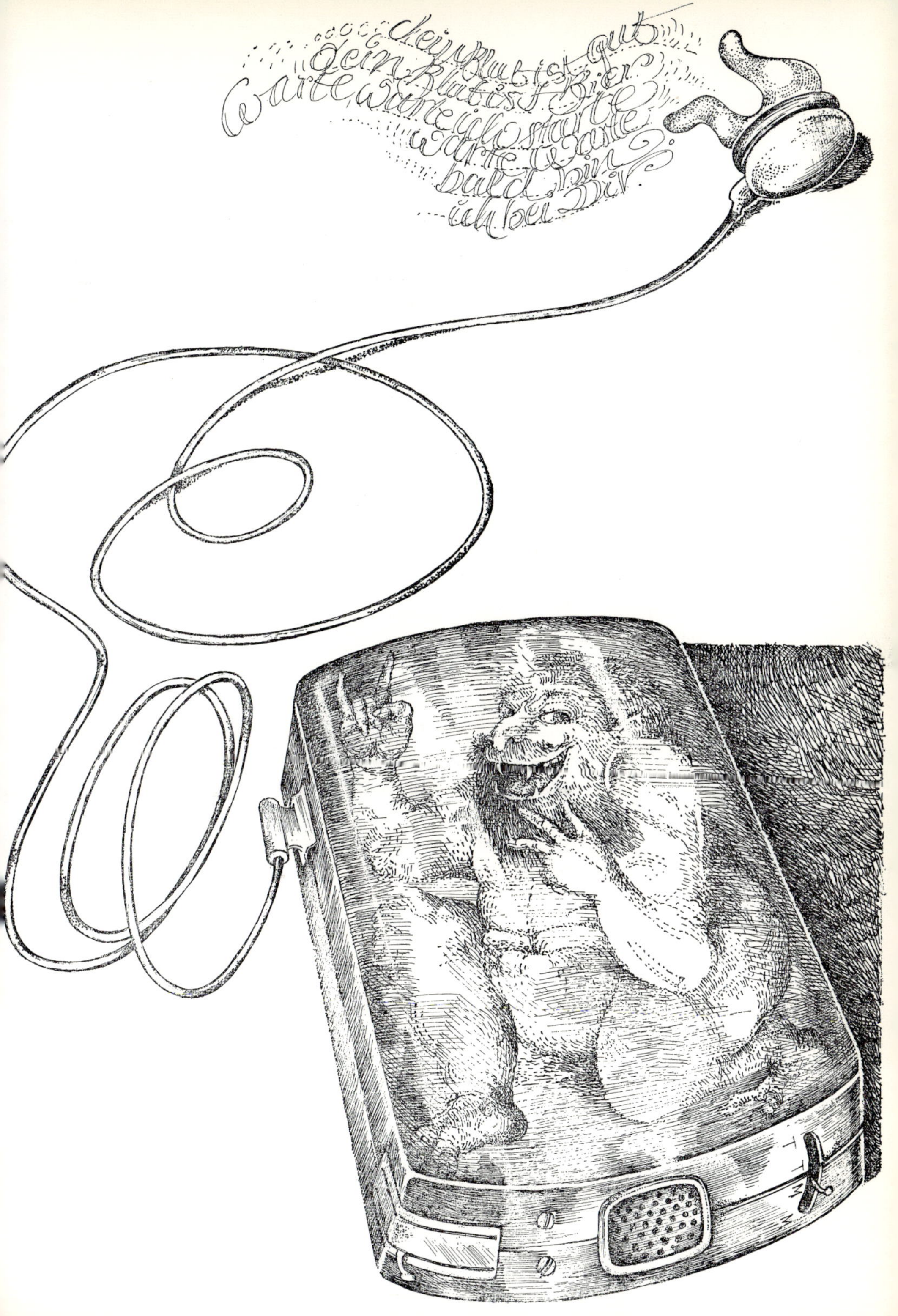
dein Blut ist gut
dein Blut ist hier
warte warte ich starte
warte warte
bald bin
ich bei Dir

ihr etwas ein: »Sind Mücken – Männer?«
Hm. »Bei den Mücken gibt's Männchen und Weibchen wie überall«, begann ich. Hätte ich nun lügen müssen? Hätte ich sagen sollen: Aber die wildesten Stecher, das sind natürlich die Männchen? Dann hätten die Dinge einen anderen Lauf genommen. Aber Lügen, ach wissen Sie. Ich gab der Wahrheit die Ehre und sagte: »Die Männchen nähren sich von Nektar, Blut saugen nur die Weibchen.«
»Aha!« rief Tante Lu. Sie gehörte zu den Menschen, die alles erlebt haben müssen. Und ein Vampir, genau das war's, was ihr noch fehlte.
»Tante Lu«, sagten wir, »mach heute nacht das Fenster zu! Mach ja das Fenster zu, sonst fliegt er zu dir ins Zimmer! Weißt du auch, warum man heute keine Mücken sieht? Das war er! Er hat den Mücken befohlen, daheim zu bleiben, damit du dein Fenster offen läßt. Nur wegen dir hat er das getan! Und nun willst du ihm doch wohl nicht den Gefallen tun!«
»Vampirlein!« strahlte Tante Lu. »Ich mache mein Fenster ganz weit auf ...«
»Tante Lu, wir warnen dich!« riefen wir.
»Oh«, sagte ich dann, »ich weiß, was ich tue. In der Küche haben sie sicher Knoblauch. Der hilft. Ich streiche Knoblauch um dein Fenster, dann kann er nicht durch!«
Da stand Tante Lu auf, sah mich durchbohrend an und rief: »Laß das!«
Tante Lu hatte so eine Art, die keinen Widerspruch duldete.
Und heute, da sie nicht mehr unter uns weilt, darf ich es ja sagen: Sie hat uns acht Jahre lang tyrannisiert.

Klettermaxe und Burgkaplan

Mitternacht. Im milden Schein der Schreibtischlampe huschte mein Stift über das Papier. Da horchte ich auf. Man klopfte. In der Tat, es wurde ans Fenster geklopft. Auf diese Weise werde ich sonst nie in meiner Arbeit gestört. Ach ja, du weißt vielleicht nicht: Ich wohne in der obersten Etage eines elfstöckigen Hochhauses.

Manchmal werde ich gefragt, wann ich meine Romane schreibe. Ja, das ist meine Zeit: die Stille der Nacht. Gelegentlicher Fahrzeuglärm dringt nur wie ferne Brandung zu meiner hochgelegenen Klause. Nichts unterbricht die tiefe Ruhe, die mich umgibt, und setzt sich ab und zu eine Uhr in Gang, so ist es eine Uhr, die eine andere als unsere ruhlose Zeit mißt. Sie tickt eine kleine Weile, setzt aus, tickt abermals mit klaren, raschen Schlägen, ruht, beginnt noch einmal und schweigt. Dann schicke ich einen fragenden Blick zu dem verklärten Jünglingsantlitz, das von der Wand herab auf mich niedersieht; doch nie tut sich Unmut in ihm kund. Das Gesicht gehört dem hölzernen heiligen Florian, der, groß wie ein elfjähriger Knabe, rechts über mir an der Wand steht, unerschöpflich Wasser auf ein fleißig brennendes Haus schüttend. Alle meine Bücher entstehen unter dem frohen, gütigen Blick dieses Märtyrerheiligen, und ich muß dir, lieber Leser, von ihm berichten, obwohl er mit der Geschichte, die ich erzählen will, nur als Zeuge, als einziger freilich, zu tun hat.

Gelegentlich habe ich in der Nachbarstadt zu tun, die, wenn es eilt, über die Autobahn in einer knappen Stunde zu erreichen ist. Habe ich jedoch Zeit, nehme ich meinen Weg gern über Nebenstraßen, quer durch die hügelige Landschaft. Dabei pflegte ich bis vor einem Jahr stets im Schrittempo durch einen nur aus zwei Gehöften bestehenden Weiler zu fahren. Denn dort, hoch oben in der steilen, aus schweren Steinen gefügten Giebelwand des rechts am Weg gelegenen Bauernhauses wußte ich meinen heiligen Florian. Nicht ohne Herzklopfen näherte ich mich jedesmal dem Gehöft. Wird er noch in seiner Nische stehen? Aber sooft ich wiederkam, jedesmal fand ich ihn auf einsamer Wacht, vom Regen gepeitscht, von Sonne warm überflutet, Schnee auf Helmbusch, Schulter und Fahne. Bis zu jenem blütenseligen Vormittag im Mai. Da war die Nische plötzlich leer. Man wird ihm doch, um Himmels willen, nichts angetan haben? Aber nein, tröstete ich mich, so bös kann die Welt gar nicht sein; man hat ihn heruntergeholt, um ihn liebevoll mit neuem Anstrich gegen die Gefahren der Witterung zu schützen. Da durchfuhr es mich, ich war schon am Haus vorbei: Hatte ich da nicht eben etwas gesehen? Ging da nicht ein Mann, eine Spannsäge in der Hand, über den Hof nach hinten zu einem Sägebock? Und lag nicht auf diesem Sägebock etwas eigentümlich Wohlvertrautes? Ich trat die Bremse, wie man sie nur in Augenblicken höchster Not treten darf, stieß zurück, schoß rückwärts in den Hof, stieg aus und lief, von einem übergeschnappten Köter wütend angesprungen, auf den Bauern zu, der, mich keines Blickes würdigend, noch drei, vier kräftige Züge mit der Säge tat, bis ich dicht vor ihm stand.

»Wollen Sie ihn zersägen?« fragte ich atemlos. Eine Frage, die ich mir hätte schenken können, gewiß.

»Brennholz können wir immer noch brauchen«, klärte mich der Bauer auf. »Wir haben da noch so einen Kessel für die Schweinekartoffeln.«

Ich versuchte, ein gutes Wort für den armen Schutzpatron einzulegen, dem die Säge schon tief im linken Oberschenkel saß: »Hat er nicht Ihr Haus zwei Jahrhunderte lang treu gegen Feuer geschützt?« fragte ich. »Und glauben Sie nicht, er würde es auch in Zukunft tun?«

Da sah mich der Bauer mit überlegenem Grinsen an. »Heutzutage«, sagte er augenzwinkernd, »gibt es Versicherungen.«
Ich hätte bisher nie zu versuchen gewagt, das Kunstwerk von seinem angestammten Platz zu reißen, um es in meine Wohnung zu entführen. Aber nun gab es kein Zurück mehr. »Wollen Sie mir die Figur verkaufen?« fragte ich und zog meine Brieftasche.
Da warf der Bauer einen sinnenden Blick auf meine Brieftasche. Dann schob er seine Kappe weit in die Stirn, kraulte sich das rotblonde, krause Haar hinter dem rechten Ohr und sagte: »Tja, wissen Sie ...« Dabei betrachtete er den auf dem Sägebock liegenden Märtyrer mit einer wohlgefälligen Miene, die deutlich genug zu verstehen gab, daß seine Schweine von nichts auf der Welt so fett würden wie von Kartoffeln, die mit Hilfe von kleingesägten Heiligen gesotten waren. Schließlich einigten wir uns darauf, daß ich ihm meine gesamte Barschaft, die etwa dem Wert von sieben Fuder Brennholz entsprach, übergab. Meine Reise war nunmehr gegenstandslos geworden, aber als ich zurück nach Hause fuhr, lag wohlgebettet auf dem Rücksitz meines Wagens der vor Zerstückelung und Feuertod gerettete Heilige.
Als ich eine Woche später die verschobene Reise nachholte, fand ich den erwähnten Bauernhof in Schutt und Asche. Doch schon ein halbes Jahr später sah ich ihn in moderner Gestalt wiedererstanden, um vieles stattlicher als zuvor.
Sankt Florian aber hat sich, so hoffe ich, mittlerweile gut bei mir eingewöhnt. Die tiefe Sägewunde im Oberschenkel des vorgesetzten linken Beines wird ihn ewig an die Gefahr erinnern, aus der ich ihn in letzter Sekunde errettet habe. Dennoch fühle ich bekümmert, daß ich ihm noch Schweres schuldig bin. Seit geraumer Zeit tickt der Holzwurm in ihm, und es wäre meine Pflicht, gegen diesen Plagegeist mit Gift zu Felde zu ziehen. Aber wenn ich an den armen Käfer denke, der da klein und verlassen in seinem Gang sitzt und mit der Stirn – mit der Stirn, so weit kann es mit einem kommen! – auf den Boden schlägt, hoffend, es würde irgendwo in der finsteren Welt eine

Käferin Antwort pochen ... Ich weiß, der heilige Märtyrer, der schon zu Lebzeiten so Arges erdulden mußte, hat ein Einsehen mit mir. Ach, ich bin ein Mann, der brutales Vorgehen haßt.

Wie, bitte? Das Klopfen? Ach so, das Klopfen ans Fenster! Was sagst du, ungeduldiger Leser? Du willst endlich, zum Kukkuck, erfahren ...? Ich weiß, ich weiß. Ich habe dich einen weiten Umweg geführt. Aber freue dich, in diesem Augenblick sind wir dabei, auf den geraden Weg zurückzukehren. Brutales Vorgehen, so sagte ich. Und brutales Vorgehen, so wollte ich fortfahren, genau das war es, was in dieser mitternächtlichen Stunde von mir gefordert wurde.

Denn wenn einer nachts im elften Stock ans Fenster klopfte, so konnte das nur einer sein.

Der Klettermaxe.

Der König aller Fassadenkletterer.

Der mit Abstand berühmteste Mann der Stadt. Er, von dem, wie eine Umfrage ergab, 377 mal so oft wie vom OB, unseren acht Pfarrern sowie sämtlichen Spielern der hiesigen Fußball-Liga, alle diese zusammengerechnet, gesprochen wurde. Und den noch niemals ein Mensch – wissentlich! – zu Gesicht bekommen hatte.

Jeder Morgen brachte neue Untaten ans Licht. Hier fehlte von einem Toilettentischlein im sechsten Stock eine hübsche Perlenkette, dort wurde ein Stockwerk tiefer festgestellt, daß die Brieftasche im karierten Sakko über Nacht betrüblich abgemagert war. Kein sehr erfreutes Gesicht soll jener junge Mann gemacht haben, der plötzlich feststellte, daß sich sein Briefmarkenalbum (Sport und Raumfahrt, mit wertvollen Ersttagsstempeln) während der letzten vierzehn Tage in Nichts aufgelöst hatte. Keine Grenze aber kannte die Empörung jenes Herrn – wie hieß er gleich? Morgser? Morkser? – der sich ewigen Ruhm zu erwerben gedachte, indem er das Phantom, das über kurz oder lang auch in seinem Block auftauchen mußte, zur Strecke brachte. Doch was geschah? Man höre. Über Nacht wurde ihm die eigens zu diesem Zweck gekaufte, frischgeölte und mit sechs Schuß geladene Pistole vom Nachttischlein weggeklaut. Natürlich gab es auch blinden Alarm. Erinnert sei an jene ältere Dame, die steif und fest behauptete, Klettermaxe habe ihr das Gebiß gestohlen – bis sich dieser Eßapparat drei Tage später im Essiggurkenglas wiederfand (die angebissene Essiggurke im Zahnputzglas hätte der guten Frau ein Fingerzeig sein können!). Nicht der geringste Zweifel jedoch kann bestehen, daß der große Unbekannte seine Hand im Spiele hatte, als die gesamte Familie Schöllhorn eines Mittwochmorgens zu spät zu E-Werk (Herr Schöllhorn ist dort angestellt), Schuhgeschäft Schlapfinger (Frau Schöllhorn arbeitet daselbst als Verkäuferin) und Schule (Sigrid, Markus und Claudia) kam, weil ihnen der Einbrecher während der Nacht mangels besserer Beute den Wecker entführt hatte. Aufregung über Aufregung! Die ganze Stadt geriet durcheinander. Wer aber war der geheimnisvolle Meisterdieb? Ein ehemaliger Zirkusartist? Ein verhinderter Nanga-Parbat-Bezwinger? Vielleicht gar eine Frau? Manche munkelten von einem elektronisch ferngesteuerten Affen. Besonders in Bastlerkreisen wurde diese Möglichkeit heftig erörtert. Doch wurde dieser Theorie von dem Yogalehrer Johannes R. Flädle und seinem Kreis aufs schärfste widersprochen: Hier gab man einem durch Telepathie ferngelenkten Affen entschieden den Vorzug. Seltsam war übrigens, daß sich in letzter Zeit in den Schulen immer häufiger Jungen und Mädchen meldeten, denen während der Nacht die Hefte entwendet worden waren, in die sie – aber ehrlich! – am Vortag ihre Hausaufgaben eingetragen hatten. War hier eine heiße Spur? Doch wer in aller Welt konnte Interesse an neugebackenen Hausaufgaben besitzen? Die Verwirrung war groß. – Daß die Polizei jede Nacht ihre Streifen durch die Stadt schickte, braucht wohl nicht eigens gesagt zu werden. An allen Verkehrsknotenpunkten und vor allem auf den Brücken wurden Posten aufgestellt, die alles, was des Weges kam, unter die Lupe nahmen. Besonders was so unscheinbar daherkam, todmüde nach Hause hastende Kellner, nächtliche Radfahrer, mußte sich eine strenge Prüfung gefallen lassen. Doch der Geheimnisvolle schlüpfte durch alle Maschen.

Und ich, ausgerechnet ich, sollte nun dem großen Unbekannten als erster von Angesicht zu Angesicht gegenüberstehen. So mancher hätte in dieser Konfrontation, bei der er beweisen konnte, was an Geistesgegenwart und Mannesmut in ihm steckte, so etwas wie den Höhepunkt seines Lebens gesehen.
Ich aber dachte nur müde, als ich mich erhob: Ach, was wird schon sein. Ein junger Mann im blauen Trainingsanzug, einen Rucksack auf dem Rücken, hängt draußen am Fenster; es bröckelt unter seinem Fuß, er braucht eine hilfreiche Hand. Soll ich ihn in den Tod stürzen lassen? Kann ich das? Ein vor Jahren gesehener Film fiel mir ein; da trat ein Herrenlackschuh – ich habe mein Lebtag keinen so niederträchtigen Schuh gesehen – genießerisch langsam, teuflisch böse auf Finger, die sich aus schwarzer Tiefe durch ein Kanalgitter krallten. Nein, ich bin nicht so wie jener Schuh. Ich muß den, der da klopft, hereinlassen. Und wenn alles nur eine Finte war? Wenn der Mann nur eine List benützt, um, einmal im Zimmer, mich, den in Raufereien Unerfahrenen, niederzuschlagen? Heiliger Florian, ich habe viel für dich getan, nun ist es an dir, schützend deine Hand über mich zu halten!
Ich öffnete das Fenster. Und sah auf einen weißhaarigen Kopf. Der Mann, der sich da an der Fensterbank festhielt, trug die Tracht eines Pfarrers. Das also war das Geheimnis. Klettermaxe als Pfarrer, wer hätte das gedacht!
»Grüß Gott!« sagte er. Auch das noch.
»Sind Sie Einbrecher?« fragte ich, so barsch wie möglich.
»Nein, nur Geist«, lautete die bescheidene Antwort.
»Ach so«, sagte ich. »Ich dachte schon.«
»Macht nichts«, lautete die freundliche Antwort. »Verständlich. Nur allzu verständlich. – Darf ich hineinkommen? Darf ich? Ach, wissen Sie, es ist so einsam hier draußen, so trostlos, so ...«
»Kommen Sie nur«, sagte ich, »kommen Sie!« und öffnete das Fenster weit.
Nein, so schwebte kein Klettermaxe. Der Mann, der da leicht wie ein Windhauch im Oktober (ich liebe diesen späten Mo-

nat) zu mir ins Zimmer flog, hatte sich nur deshalb an der Fensterbank festgeklammert, um mich nicht im ersten Augenblick zu erschrecken.

»Willkommen, Hochwürden!« sagte ich, als er dann vor mir im Zimmer stand, ein frühzeitig ergrauter Fünfziger mit wissendem und dabei doch im Grunde junggebliebenem Gesicht.

»Ich bin Ihnen eine Erklärung schuldig«, sagte der schlanke, hochgewachsene Geistliche.

»Nicht doch«, entgegnete ich, »Sie sind da, und ich freue mich ...«

»Sie sind zu gütig«, begann er wieder. »Verzeihen Sie mir, daß ich bei Ihnen zu nächtlicher Stunde eingedrungen bin. Ich will Ihnen nicht zur Last fallen, aber da draußen bei den Käuzen und Schleiereulen, ach wissen Sie ... – Ich habe Sie sitzen sehen bei Ihrer Lampe, und da dachte ich mir: ein Mensch!«

»Sie sind mein Gast.«

»Ich möchte Sie nicht stören, nein, wirklich nicht, arbeiten Sie weiter, als sei ich gar nicht da. Erlauben Sie nur, daß ich in Ihrer Nähe sitze, nur eine kleine Stunde, dann ist meine Zeit um ...«

Ich versuchte, ihm den Gefallen zu tun, wies ihm den bequemsten Sessel an und machte mich wieder über mein Manuskript.

Doch nach wenigen Minuten erhob ich mich, rückte meinen Stuhl neben den seinen und sagte: »Lassen Sie mich ehrlich sein: Ich kann nicht arbeiten, wenn ein Mensch im Zimmer ist. Doch die Arbeit läuft mir nicht davon, und ich habe gern einen lieben Gast. Wer weiß, Hochwürden, wann Sie wieder bei mir einkehren. Wollen wir nicht ein wenig plaudern? Machen Sie mir doch die Freude: Erzählen Sie ein wenig!«

»Erzählen?« sagte er traurig. »Erzählen? Sie sehen, es treibt mich um. Es treibt mich immer wieder einmal aus meinem Grab. – Ich habe Arges getan.« Er nickte bekümmert vor sich hin.

»Sie?« rief ich. »Sie haben Arges getan? Nimmermehr!«

»Lassen Sie sich nicht durch mein Gewand täuschen. Sie denken: ein Priester. Ich war Priester, gewiß. Aber ein Priester, sehen Sie, ein Priester, der einen Mord begeht ...«

»Einen Mord? Sie? Einen Mord? Das muß seltsam zugegangen sein.«

»Seltsam zugegangen, das ist es in der Tat. Aber ach, Mord, wissen Sie, Mord ist Mord, und ein Priester ...«

»Wollen Sie mir nicht erzählen?«

»Wenn Sie zuhören wollen, lieber Freund ...«

»Aber gewiß, Hochwürden!«

»Ich will es versuchen. Ach, es ist so lange her. Lange, lange. Tausend Jahre und noch etliches. Damals gab es hier in der Gegend die Burg Kaltenstein.«

»Burg Kaltenstein?« fiel ich begeistert ein. »Die Ruine Kaltenstein liegt keine dreißig Kilometer von hier malerisch hoch oben auf einem schroffen Felsen, ein Juwel in der Landschaft.«

»Ein Juwel?« fragte der geistliche Herr verständnislos. »Eine Pestbeule, an der das ganze Land leidet, sagten die Menschen zu meiner Zeit. Unter Christoph von Kaltenstein wurde die Burg auf dem Felsen errichtet.«

»Es gibt da oben noch so einen Ziehbrunnen«, erinnerte ich mich. »Er soll, glaube ich, sechsundsiebzig Meter tief sein.«

»Allein beim Hauen dieses Brunnens sind mehr als dreißig Gefangene zu Tode geschunden worden«, berichtete mein Gast. »Für die Errichtung der Burg wurden die Bauern des Gebiets ein ganzes Jahrzehnt unter das Joch einer schrecklichen Fron gezwungen. Während der langen Winter verhungerten die Menschen zu Hunderten auf den Dörfern, weil zum Bestellen die Männer und die Zugtiere gefehlt hatten – und das wenige, was man hatte ernten können, hatten noch die Knechte des Grafen aus den Speichern geschleppt. Nun, das alles war vor meiner Zeit.

Als ich, wenige Jahre nach meiner Priesterweihe, als Kaplan auf die Burg kam, saß dort längst Graf Hubert, ein Sohn des Erbauers. Die Menschen hatten gehofft, daß sie nach den mörderischen Jahren des Burgbaus wieder zu Atem kommen dürften. Sie sollten sich täuschen. Graf Hubert, ein zügelloser Geselle, war so hart und so rücksichtslos wie sein Vater, und die Beispiele schamloser Ungerechtigkeit, die ich täglich vor Augen sah, schnitten mir tief ins Herz. Meine schüchternen Versuche, dem Burgherrn ins Gewissen zu reden, rächte dieser, der mit allen Menschen seiner Umgebung seine bösen Späße trieb, auf die grausamste Weise. Ich war damals ein junger Priester, erfüllt von gutem Willen und glühend von heiligem Eifer. Wie gern hätte ich mein Leben hingegeben, wenn ich damit dem gottlosen Treiben auf Kaltenstein hätte Einhalt gebieten können. Gelegentlich erschien der Herr Bischof auf der Burg. Wie gern hätte ich ihm mein Herz ausgeschüttet und ihn gebeten, für Menschen, die hilflos der Bosheit meines Herrn ausgeliefert waren, ein gutes Wort einzulegen. Doch mit dem hohen Herrn in ein Gespräch zu kommen, war für mich, den armen jungen Kaplan, schier ein Ding der Unmöglichkeit. An ein Bild erinnere ich mich noch heute, nach tausend Jahren, als wäre es gestern gewesen. Ich stand an einem Fenster der Burg und sah hinab auf das Land. Es war an einem schönen Sommertag, und der Bischof, der sich wieder einmal für ein paar Tage eingefunden hatte, war mit dem Grafen auf die Jagd geritten. Am Fenster stehend, kämpfte ich lange mit mir selbst, bis ich mich endlich zu dem Entschluß durchrang, heute abend, mochte draus werden, was da wollte, den Herrn Bischof um ein Gespräch unter vier Augen zu bitten. Da sah ich, wie der hochwürdigste Herr mit seinem Gefolge zusammen mit dem Grafen auf der Fährte eines flüchtigen Hirsches durch die gelben Getreidefelder sprengte, alles verwüstend. Da war wieder aller Mut dahin.

Nach diesem Vorfall vergingen ein paar Monate; Weihnachten kam heran. Da wurde am Mittag des 24. Dezember ein junger Bauer namens Bartholomäus auf die Burg gebracht. Man hatte ihn im Wald ertappt, wie er ein Stück von einem Birkenstamm nach Hause tragen wollte. Damals war, so weit das Auge reichte, noch fast alles Wald, und aller Wald gehörte dem Grafen. Das Birkenstück, das bei der Holzabfuhr liegengeblieben war, wäre im Wald vermodert, doch Diebstahl war Diebstahl, und Diebstahl am Grafen wurde mit dem Tode bestraft. Stokkend und mit Tränen in den Augen versuchte Bartholomäus um Gnade zu bitten. Er hatte zu Hause eine junge Frau und ein zwölf Tage altes Kind; beide lagen frierend und fiebernd in der eiskalten Stube; er hatte ihnen ein wenig Wärme schenken wollen, zu Weihnachten. Ich kannte die Familie und ihre Not; ich selbst hatte das Kind, da die kleine Gemeinde, aus der Bartholomäus stammte, keinen eigenen Pfarrer besaß, vor wenigen Tagen getauft. So faßte ich mir ein Herz und bat, so eindringlich ich konnte, für den beliebten jungen Mann. Der Graf hörte mir mit belustigtem Grinsen zu. Zuletzt kniete ich vor dem furchtbaren Herrn und bat ihn, doch wenigstens an die junge Frau und das arme kleine Kind zu denken und heute, am Heiligen Abend, Barmherzigkeit zu üben. »Heiliger Abend«, höhnte der Graf, »richtig, heute ist Heiliger Abend, ei der Daus, da muß sich doch was Hübsches machen lassen ...« Nachdenklich, die Lippen zusammengekniffen, schlug er sich mit der Hundepeitsche, die er stets in der Hand hielt, gegen den Stiefelschaft. Er brütete Schreckliches aus. Und dann verkündete er seinen Entschluß. Heute in der Heiligen Nacht, und zwar genau während des ersten Läutens zur Christmette, sollte Bartholomäus an einer Birke aufgehängt werden. Bei diesem Schauspiel müßten die junge Frau und das Kind, und seien sie noch so krank, anwesend sein, und auch alle anderen Einwohner des Dorfes, bis auf das kleinste Kind und den ältesten Greis, sollten herbeigetrieben werden. »Mir stiehlt keiner mehr ein Stück Holz!« schrie der Graf mit teuflischem Gelächter und pfiff seinen riesigen Hunden, für die er mehr Herz hatte, als für die Menschen.

Ich setzte mich eine Stunde zu dem armen Verurteilten und versuchte, ihm Trost zuzusprechen. Dann ging ich in die Kapelle und kniete nieder. Alles in mir war in Aufruhr. Gab es ein Mittel, die Hinrichtung zu verhindern? Ich kannte den Grafen. So sicher die Nacht kam, diese Nacht, die Heilige Nacht, so sicher würde sie den jammervollen Tod dieses prächtigen jungen Menschen mitansehen müssen. Ich versuchte, meine Gedanken zu ordnen und zu einem Gebet zu kommen. Ich wußte nur eines: Daß es mir nicht möglich sein würde, heute nacht in Anwesenheit des Grafen das Gloria zu singen. Doch gab es einen Weg? Gab es noch Wunder, wenn der Mensch sie nicht tat? Ich betete, wie ich noch nie in meinem Leben gebetet hatte. Und dann kam, während ich in der Kapelle kniete, plötzlich die große Ruhe über mich. Ich wußte, was ich zu tun hatte.«

Mein Gast sah schweigend vor sich hin. In die Stille hinein sagte ich: »Die Kapelle ist heute noch zu erkennen. Erst vor sechs Wochen bin ich einmal auf den Mauerresten gesessen.« Ich hatte damals lange einem Rotschwänzchen zugesehen, das munter knicksend auf einer umgestürzten Grabplatte stand. Es war eine glückliche Stunde voll unendlichen Friedens gewesen. Seltsam, wie wenig einem die alten Trümmer von dem verraten, was sie einmal an menschlichem Schicksal miterlebten.

Der Priester hob den Kopf und fuhr fort: »Als die Dämmerung einbrach, ging ich zum Grafen. Es war ein kalter, klarer Abend; die Sterne traten blinkend hervor. – Wie soll ich Ihnen begreiflich machen, was nun geschah? Der Mensch bleibt sich doch ewig selbst ein Rätsel. Jeder, der mich kannte, mochte mich für einen feinfühligen, stillen und fast scheuen Menschen halten. Und doch konnte ich, wenn es zum Äußersten kam, in Situationen, wo die Lauten zu zittern begannen, in mir eine plötzliche Kraft erleben, die mich selbst erstaunte. So trat ich damals gelassen vor den furchtbaren Grafen hin und sagte: »Herr Graf, Ihr seht nicht den Stern an? Wißt Ihr nicht, daß heute abend der herrliche Stern wiederkommt, eben jener, der damals über Bethlehem stand? Die Professoren auf allen Universitäten sagen es, in vielen alten Büchern steht es geschrieben; auf allen Burgen hält man nach ihm Ausschau. Er wird als gewaltiger Komet erscheinen, aber in unseren Landen nur wenig über den Horizont steigen. Vom Bergfried aus werden wir ihn sehen. Wir müssen uns beeilen.« Ich bin ein Mensch, der selten in seinem Leben die Unwahrheit gesagt hat, nicht aus Verdienst, sondern weil ich einfach nicht dazu in der Lage bin. Doch in diesem Augenblick konnte ich lügen, ohne rot zu werden, und ohne daß meine Stimme gezittert hätte. »Verdammter Pfaffe, das sagt Ihr mir erst jetzt!« brüllte der Graf mich an. Er lief zum Turm, ich folgte ihm, andere kamen uns nach. Wir eilten die vielen Stiegen im Innern des Bergfrieds hinauf. Oben gab es einiges zu tun, doch ich vollführte auch diese Dinge mit einer Bestimmtheit, als handle ein andrer aus mir. Als wir, der Graf und ich, auf der letzten Kehre ankamen, befahl ich den Nachfolgenden, die sich noch auf der vorletzten Stiege befanden, mit energischer Stimme, zu warten; sie gehorchten verdutzt. Ich selbst drängte mich rasch an dem Grafen vorbei, der schon ein paar Stufen höhergestiegen war, verstellte ihm den Weg und schrie, hinter uns in die Tiefe zeigend: »Bartholomäus!« Auch der Graf ließ sich durch mein entschlossenes Auftreten überrumpeln; er drehte sich mit einem unwilligen Fluch um. Das war der Augenblick. Ich versetzte ihm mit aller Kraft einen Tritt in den Rücken, der ihn durch die Luft fliegen ließ. Der schwere Körper überschlug sich, er durchbrach an der Kehre das schwache Geländer und stürzte dann, da und dort anknallend, im Innern des Bergfrieds zwanzig Klafter tief nieder, bis er endlich auf dem steinernen Grund aufschlug.«

»Gut gemacht!« entfuhr es mir.

»Und doch: Mord!« grübelte der Geistliche. »Mord eines Priesters an dem Herrn, in dessen Dienst er stand... Übrigens habe ich, wie ich erst viel später erfuhr, noch ein zweites Menschenleben auf dem Gewissen. Als der Koch, der am Herd Vorbereitungen traf, von dem Ende seines Gebieters hörte, dessen Fußtritt ihn oft genug quer durch die ganze Küche befördert hatte, fing er an zu lachen; und er hörte nicht mehr auf zu lachen, bis er sich, auf dem Küchenboden sitzend, zu Tode gelacht hatte.«

»Immerhin«, lobte ich, »ein schöner Tod.«

»Nun«, fuhr mein Gast fort, »mir war damals jedenfalls nicht nach Lachen zumute. Ich eilte mit den andern die Stiegen wieder hinunter und begab mich, da niemand mich aufhielt, auf mein Zimmer. Dort verbrachte ich die Heilige Nacht kniend

im Gebet. Niemand kam, um mich zu holen. Erst gegen Mittag wurde an meine Tür geklopft. In der Erwartung, nun zu Folter und Tod geschleppt zu werden, erhob ich mich mit einem Stoßgebet. Draußen stand ein fröhlicher Page. »Dies«, sagte er, schickt Euch Graf Ernst«, und übergab mir einen gewichtigen Beutel. Graf Ernst? Graf Ernst war der ältere Bruder des Toten und der rechtmäßige Besitzer der Burg. Nach dem Tod des Vaters hatte Hubert die neue Burg und den Großteil des Gebiets an sich gerissen. Ernst, der den offenen Kampf mit dem jüngeren Bruder scheute, hatte sich mit dem drei Wegstunden entfernten, schon stark in Verfall begriffenen Stammsitz der Familie begnügt. Nun hatte man ihn noch während der Nacht herbeigerufen. Aus den Erzählungen des Pagen und seinen strahlenden Augen konnte ich entnehmen, daß im ganzen Haus Freude herrschte, denn der neue Herr galt als gütiger, umgänglicher Mann. Bartholomäus war, so hörte ich, bereits mit anderen Gefangenen entlassen worden.
Das überbrachte Säcklein enthielt Schinken, Brot und andere Wegzehrung. Das hieß, daß ich in Frieden meines Weges gehen konnte. Als ich wenig später den steilen Burgberg hinabging und noch einmal zum Schloß hinaufblickte, stand in einem Erker Graf Ernst und sah in das weite, verschneite Land hinaus, das jetzt ihm gehörte. Er bemerkte mich und winkte mir einen Gruß.
So war ich aller Strafe entgangen. Doch mein Gewissen ließ mir keine Ruhe. Drei Goldstücke, die ich nach mehreren Tagen auf dem Grund des Beutels entdeckte, verschenkte ich sogleich an Arme. Ich wallfahrte von Heiligtum zu Heiligtum, um Friede zu finden; meine Pilgerreisen führten mich nach Rom und bis zum heiligen Jakob nach Compostela im fernen Spanien.
Nach drei Jahren kehrte ich in diese Gegend zurück. Der Bischof war inzwischen gestorben. Sein Nachfolger, dem ich die Bitte vortrug, erlaubte mir, als Pfleger und Seelsorger in das Leprosenheim zu ziehen, das sich eine Meile vor dieser Stadt befand. Gott ließ mich lange gesund bleiben, und so konnte ich

ein Vierteljahrhundert bei den Ärmsten der Armen verbringen.«

»Sie sind ein wunderbarer Mensch«, rief ich und faßte seine Hand.

»Ach ... – Aber sagen Sie mir ganz offen, was meinen Sie, war's richtig ...?«

»Wenn Sie noch einmal in die gleiche Lage kämen, würden Sie das gleiche ein zweites Mal tun?«

Auf diese Frage sah mir mein geistlicher Gast gerade in die Augen und sagte klar und fest: »Ja.«

»Nun, sehen Sie«, rief ich, »Ihr Gewissen hat gesprochen. Sie haben tapfer gehorcht, als Gott Sie rief, zu tun, was getan werden mußte. – Ach, wenn dieser Hugo, oder wie der Kerl hieß ...«

»Hubert.«

»Wenn dieser Hubert nur ein halb so feines Gewissen gehabt hätte wie Sie, er müßte, nach allem, was er verbrochen hat, noch nach der übernächsten Eiszeit hier herumspuken.«

»Eiszeit?«

»Ach, nur so eine Redensart. – Und wo steckt der Kerl?« Ich wies auf das leere, nur von Nacht und Sternen erfüllte Fenster. »Er schläft wie ein Roß! – Nein, wirklich, verzeihen Sie, aber ich muß es sagen: Solche wie Sie gibt es nicht viele.«

»Sie haben mir einen Stein vom Herzen genommen«, sagte mein Gast. »Es ist das erste Mal, daß ich mich aussprechen konnte in diesen tausend Jahren. Sie haben ein gutes Werk an mir getan. Nun werde ich meine Ruhe finden für den Rest der Ewigkeit.«

»Fast möchte ich sagen: Schade!« meinte ich. »Denn nun werden Sie nie mehr bei mir einkehren. Und ich hätte Sie so gerne oft bei mir gehabt, mindestens einmal jede Woche. – Wir sind Freunde geworden. Darf ich das sagen?«

Nur noch wenige Minuten waren uns vergönnt. Ein mir unhörbarer Glockenschlag ließ meinen Besuch aus der anderen Welt aufhorchen. Ich geleitete ihn zum Fenster, ein letzter Händedruck, und mein geistlicher Freund schwebte hinaus, hinüber zu den Sternen, die ihn mild durchschienen.

Ich wollte ihm nachsehen bis zuletzt, aber ein Schrei tödlichen Entsetzens riß mich aus meinen Gedanken. Der Ruf kam von unten, aus allernächster Nähe.
Da hing doch tatsächlich, an meine Fensterbank geklammert, ein junger Mann, zitternd wie ein nasser Hund nach einem unfreiwilligen Bad im Januar. Ich ergriff, rasch zupackend, mit meiner Linken das rechte Handgelenk des Burschen, keinen Augenblick zu früh, denn in der nächsten Sekunde wäre er wie ein schwerer Sack in die Tiefe gerast, hätte ich nicht geschwind auch noch mit der Rechten seinen üppigen Haarschopf erwischt. Nun mußte er, es war nicht zu umgehen, einige Federn, will sagen, Haare lassen, doch nach einer Minute plumpste er glücklich an Deck. Ich zog ihn auf die Beine und bugsierte ihn in den Sessel, in dem noch eben ein ganz anderer gesessen hatte.
»Das...? Was – war – das...?« stammelte der junge Mann, leichenblaß, mit aufgerissenen Augen aufs Fenster starrend.
»Ach, nur ein Geist«, beruhigte ich ihn.
»Ein Geist!« Die Kinnlade klappte ihm herunter, als habe er erst jetzt ganz kapiert.
»Sie sind mir aber auch einer!« bemerkte ich tadelnd. »Was müssen Sie ausgerechnet jetzt, mitten in der Nacht, hier heroben...« Der junge Herr trug einen blauen Trainingsanzug und hatte einen leeren Rucksack auf dem Rücken. »Übrigens«, donnerte ich los: »Sie sind doch nicht etwa...?«
Er nickte.
»Da kann ich nur den Kopf schütteln«, erklärte ich. Und tat es.
»Es ist aus«, lallte das Häuflein Elend auf dem Sessel. »Aus. Alles aus. – Holen Sie die Polizei.«
»Hm«, sagte ich. »Sie sollen mal einen kleinen Schluck trinken. Dann wollen wir das Weitere besprechen.«
Ich ging zu dem alten Wandschränklein, in dem sich meine winzige Hausbar befindet. Von dem herrlichsten Obstler war noch ein Rest da. Ich füllte damit ein Stamperl. Als ich mich umwandte, begegnete mein Blick dem meines lieben Sankt Florian. Was hatte er eigentlich bei mir gewollt, dieser Klettermaxe dort? Hatte er da draußen vor dem Fenster gewartet, bis die

Luft rein war, um einzusteigen, und ... Auf Antiquitäten, so hieß es doch, war er besonders scharf. Naja! Wenn dem so ist! Ich goß mir den Klaren selbst hinter die Binde; den hatte ich mir schließlich auch verdient. Und füllte das Gläslein mit Leitungswasser. Klettermaxe schlürfte auch dieses, wie es schien, zu feiner Unterscheidung noch nicht recht fähig.

»Aus und vorbei!« klagte Klettermaxe und ließ den Kopf hängen. »Ich werde nicht mehr klettern können. Keinen Meter mehr. Wenn da auf einmal wieder so ein ... Hu!« Seine Hände flatterten beim bloßen Gedanken.

»Na und!« rief ich. »Auch andere schlagen sich ohne Klettern durchs Leben.«

Was in dieser denkwürdigen Nacht noch geschah, ist rasch erzählt. Vierzig Minuten später war Klettermaxe immer noch nicht in der Verfassung, in der man einen Menschen ans Steuer lassen kann; so nahm ich es auf mich, ihn in seinem Wagen nach Hause zu bringen. Das Fahrzeug, zu dem er mich führte, war ein phantastischer, knallroter Sportwagen. Die Polizisten auf der Brücke, die den sympathischen jungen Mann in der Traumkutsche schon in so mancher Nacht hatten vorbeigleiten sehen, mochten sich wundern, daß er heute auf dem Beifahrersitz vorliebnahm. Und daß er ihren freundlichen Gruß für diesmal nur mit einer müden Handbewegung erwiderte.

Ich lieferte Klaus W. – den vollen Namen mochte ich nicht nennen – bei seiner aus dem Schlaf geklingelten Frau ab: In dem Chemiewerk, in dem wir beide, Klaus und ich, als Nachtwächter arbeiteten, war heute nacht was passiert, giftige Dämpfe und so, Klaus hatte ein bißchen was abgekriegt, hätte schlimm werden können, ist aber noch gut abgegangen, Klaus soll mal ausschlafen, morgen ist alles vorbei; nein, ins Haus kommen konnte ich nicht, wollte mir um die Ecke ein Taxi nehmen, mußte gleich zurück ins Werk. Gute Nacht! Klaus, mach's gut!

Ich nahm mir für den Heimweg kein Taxi. Es ging sich so schön durch die stille nächtliche Stadt. Streifenwagen der Polizei, die mich überholten, fuhren im Schritt an mir vorüber. Ich aber ging frei, die Arme schlenkernd, ich trug nichts in der Hand, ich hatte nichts zwischen Brust und Hemd gestopft, ich hielt nichts in ausgebeulten Taschen versteckt; wer immer dieser Klettermaxe sein mochte, ich war es nicht.

In der Folge wurde es langsam still um Klettermaxe, besonders als das große Verkehrsflugzeug zwischen Grönland und Labrador ins Meer stürzte; da hatte er wohl auch in der Unglücksmaschine gesessen, auf dem Weg nach Los Angeles, in den Wilden Westen. Denn man vernahm nichts mehr von einem diebischen Klettergenie, weder hier am Ort noch irgendwo in der Welt.

Was Klaus W. betrifft, so sehen wir uns seit neuestem ab und zu. Er arbeitet jetzt in der Hypo-Bank. Dort steht er an der Kasse. In ruhigen Stunden lege ich meinen Unterarm aufs Schalterbrett, und er zeigt mir Fotos von seinem kleinen Jungen, der eben das Laufen gelernt hat. Ein zweites Kind ist unterwegs. Nächstes Jahr ist das Häuslein abbezahlt. Es ist alles bestens.

Nützliches Nachwort

Es gibt, was Geister betrifft, solche und solche. Für den Fall, daß dich ein solcher (ein gefährlicher) besucht, noch rasch ein Tip. Es ist zwar ein Geheimrezept, aber weil du es bist, will ich es dir verraten. Paß auf: Du faßt mit der linken Hand dein rechtes Ohrläppchen und sagst dabei laut das Große Einmaleins her, und zwar rückwärts und ganz schnell. Also: $999 \times 999 = 998001$, $998 \times 999 = 997002$, $997 \times 999 = 996003$, usw., usw., usf. Das ist alles; ein einfacher Trick, man muß es nur wissen. Wenn der Unhold nicht gleich Leine zieht: nicht locker lassen! Weiter im Text! Aber Tempo, wenn ich bitten darf! Immer daran denken: je schneller, desto wirksamer!
Das wollte ich dir noch zugeflüstert haben.
Und nun, lieber Leser:

Gut Nacht!

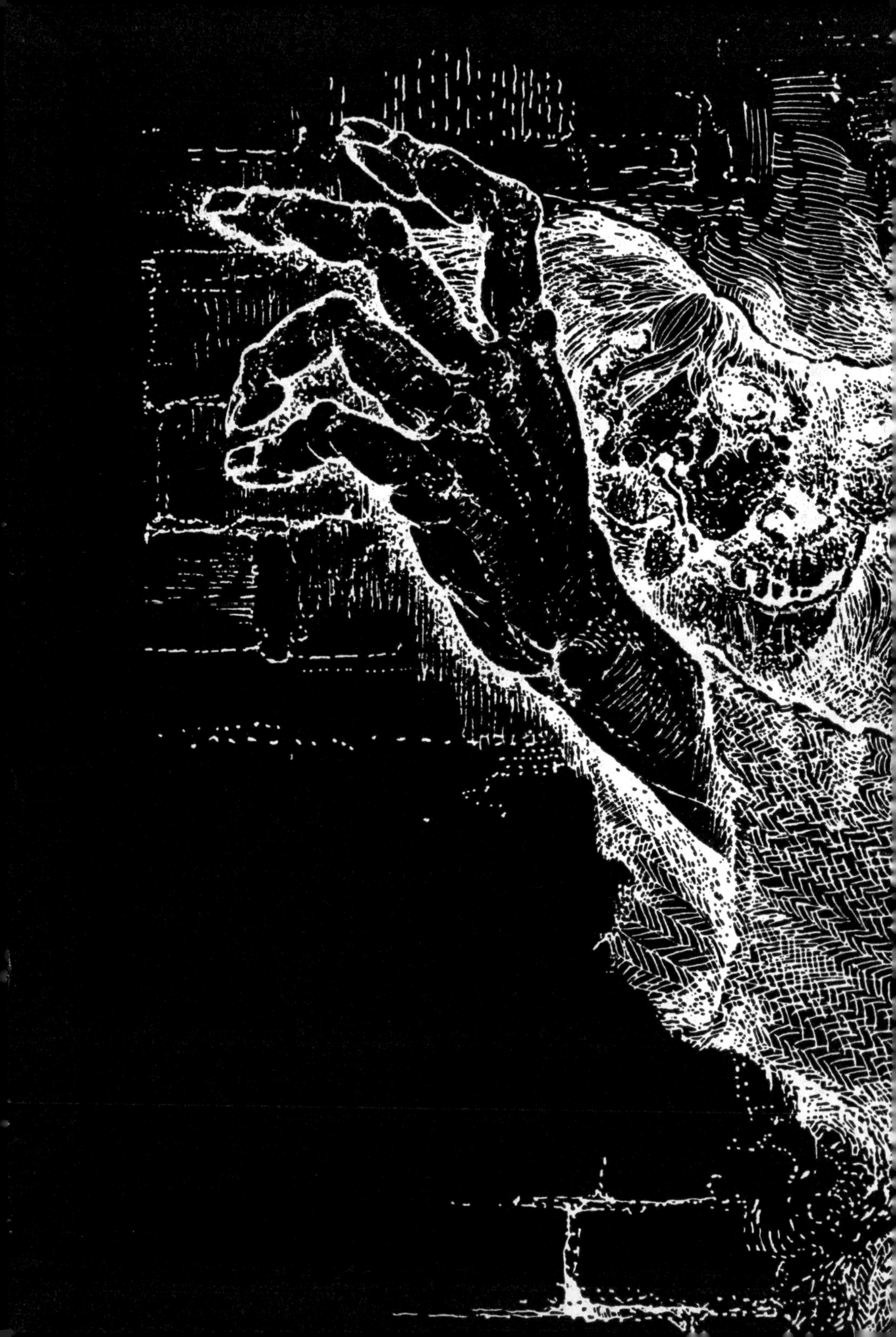